KB117763

A

DANTE

LO PRIMO SVO RIFVGIO

NELLE FESTE NEI VOTI

CONCORDE

OGNI TERRA ITALIANA

XIV MAGGIO MDCCCLXV

DI SVO NATALIZIO

단테가 피렌체에서 추방당한 이후 망명 생활을 했던 곳 중 하나인 베로나에 있는 단테상.
조각가 우노 찬노니가 단테 탄생 600주년에 맞추어 카라라의 대리석으로 만든 것이다.

단테의 주요 활동 무대인 토스카나의 풍경

단테는 토스카나 지역의 중심지인 피렌체에서 태어나 평생 이 지역을 비롯하여 이탈리아 중북부 지역에서 주로 활동했다. 그의 대표작 『신곡』은 비록 내세를 여행하는 이야기임에도 그 밑바탕에는 이 일대의 사물과 공기와 공간과 사람과 역사가 깔려 있다. 그는 당시 중앙의 교양 계층 언어인 라틴어에 능통했음에도 불구하고 지방 속어 중 하나인 토스카나어로 『신곡』을 집필함으로써 속어도 라틴어 못지않게 훌륭한 언어임을 보여주었다. 그리하여 토스카나어가 이탈리아의 대표 언어로 자리 잡는 데 결정적인 기여를 했다.

VIA
TORNABUONI

피렌체의 거리

피렌체는 단테가 태어나 망명 이전까지 대부분을 보낸 곳이다. 베아트리체를 사랑하다 떠나 보내고, 『새로운 삶』을 써서 그녀의 죽음을 애도하고, 새로운 문학 운동을 주도하면서 공부를 하다 정치 일선에 뛰어든 곳이다. 이것은 훗날 망명으로 수렴되면서 『신곡』이라는 불후의 작품을 탄생시킨 밑바탕이 되었다. 단테는 망명 중에도 피렌체를 잊지 않았다. 피렌체를 품으면서도 넘어서는 방식으로 인간의 길을 모색했다.

❶ 피렌체 토스카나주
태어나 성장기를 보내고 정치 활동을 한 곳

단테는 1265년에 피렌체에서 태어나 망명길에 오르기 전까지 반평생을 이곳에서 보냈다. 피렌체는 그에게 문학적 영감의 원천이 된 베아트리체를 만난 곳이고, 라티니라는 스승으로부터 학문과 시민으로서 갖추어야 할 덕성을 배운 곳이며, 청신체라는 문체를 통해 새로운 문학 운동을 주도한 곳이고, 정의로운 공동체 실현을 위해 공직자로서 치열하게 그 길을 모색한 곳이다.

❷ 캄팔디노 토스카나주
궬피당과 기벨리니 간의 전투가 벌어진 곳

단테는 피렌체의 공무에 본격적으로 뛰어들기 전부터 현실 문제에 깊은 관심을 가지며 실천적 지식인으로서의 역할을 충실히 수행하고 있었다. 그리하여 캄팔디노 평야에서 궬피와 기벨리니 간에 벌어진 전투에 기병대로 참여하기도 했다. 단테의 집안은 대대로 궬피에 속했지만, 단테의 정치적 이상은 당파를 뛰어넘어 보편적 가치를 가진 권력을 현실 속에서 구현하는 것이었다.

❸ 몬테리조니 토스카나주
'지옥의 거인들'의 모티브가 된 곳

단테는 피렌체의 정치에 깊숙이 관여하는 한편으로, 주변 도시들과의 외교에도 수완을 보였다. 피렌체의 번영을 위하여 전의를 불태우던 이 시절, 그는 시에나 인근에 있는 몬테리조니를 방문했다가 누구도 공략할 수 없을 것 같은 견고한 성벽과 탑을 보고는 그 이미지를 훗날 지옥 밑바닥에 있는 거인들을 묘사할 때 떠올렸다. 이렇듯 그는 내세를 묘사하면서도 현세에서 보고 들은 것을 투영했다.

❹ 카센티노 토스카나주
망명 생활의 출발지

20년간에 걸친 단테의 유랑 생활은 피렌체 동쪽에 위치한 카센티노 숲에서부터 시작한다. 고대부터 은둔의 장소로 알려졌을 만큼 깊고 우거지며 그 자체로 완결된 세계를 이루는 이 숲은, 『신곡』의 중요한 키워드 중 하나인 '어두운 숲'의 배경이 된 곳이기도 하다. 단테에게 이 숲은 어둠이면서 또한 부드러운 은신처였다.

❺ 루니자나 토스카나주
「지옥」을 집필한 곳

망명객 단테는 한때 루니자나의 영주인 말라스피나의 환대를 받으며 포스디노보성에서 약 1년간 머물렀다. 그는 이곳에서 유능한 외교관이자 조언가로 활동하는 한편, 자신의 방으로 돌아오면 「지옥」을 썼을 것이다. 포스디노보성에서 올려다보는 밤하늘은 보는 이를 압도한다. 거대한 궁륭에 꽉 붙들려 있는 별들. 그것은 단테가 지옥을 빠져나온 순간 올려다본 별들이기도 할 것이다.

❻ 베로나 베네토주
「천국」 집필에 몰두한 곳

단테는 망명 생활 중 피렌체 이북의 여러 곳을 전전했는데, 그중 베로나와 라벤나에서는 비교적 오랫동안 체류하며 집중적으로 글을 썼다. 1312년에 베로나를 찾은 단테는 칸그란데 델라 스칼라 군주의 보호를 받으며 「지옥」과 「연옥」을 완성하고 「천국」 집필에 전력을 기울였다. 그는 칸그란데에게 보낸 편지에서 『신곡』의 제목과 주제를 설명하고는 「천국」을 바친다고 했다.

❼ 베네치아 베네토주
라벤나 외교 사절단으로 방문한 곳

단테는 말년에 라벤나 외교 사절단으로 베네치아를 방문했다. 라벤나와 베네치아 간의 충돌을 조정하기 위한 방문이었다. 그러나 베네치아 측은 그의 외교 활동에 호의적이지 않았다. 그는 망명 초반에도 베네치아에 들른 적이 있다. 그때 본 베네치아 부두의 모습은, 『신곡』에서 지옥의 바닥에서 부글부글 끓는 역청을 뒤집어쓰고 있는 죄인들의 모습으로 다시 등장한다.

❽ 라벤나 에밀리아로마냐주
단테가 묻힌 곳

단테는 폴렌타 가문의 보호를 받으며 라벤나에서 생의 마지막을 보냈다. 그사이 베로나에 가서 강연을 하기도 하고, 베네치아에 외교 사절단으로 파견되기도 했다. 「지옥」과 「연옥」은 이미 널리 유통되고 있었다. 세상을 떠나기 바로 직전에 「천국」도 완성했다. 그러나 베네치아에 갔다가 말라리아에 걸려 도중에 라벤나로 돌아왔고, 얼마 있지 않아 세상을 떠나고 말았다.

일러두기

― 단행본, 장편소설, 소설집은 겹낫표(『 』)로, 단편소설, 책의 일부는 홑낫표(「 」)로, 신문, 잡
  지는 겹화살괄호(《 》)로, 미술, 음악, 영화 등의 작품명은 홑화살괄호(〈 〉)로 표기했다.
― 본문 인용문의 출처는, 단테의 작품일 경우에는 저자명 없이 제목과 원전의 행을, 다른 저
  자의 책일 경우에는 저자명을 함께 밝혔다. 자세한 서지 사항은 참고 문헌에 밝혀두었다.
― 외래어 표기는 국립국어연구원 외래어표기법을 따랐으나, 통용되는 일부 표기는 허용했다.

단테

×

박상진

내세에서 현세로, 궁극의 구원을 향한 여행

arte

단테

단테를 흠모하며 그에게서 많은 영향을 받았던 르네상스의 화가 산드로 보티첼리가 1495년에 그린 것으로, 단테의 매부리코와 긴 턱을 강조하는 가운데 초월적인 표정과 깊은 예지가 느껴지는 눈매를 인상적으로 표현했다. 중세에서 근대로 넘어가는 과도기의 정점에서 태어나 활동했던 단테는 『신곡』이라는 기념비적인 작품으로 호메로스, 셰익스피어, 괴테와 함께 세계 4대 시성으로 불린다.

CONTENTS

삶의 이편과 저편을 바라보다

지옥을 견디는 힘

내 뒤를 따르라. 사람들은 말하게 두라.

— 「연옥」 5곡 13행

이탈리아 작가 단테 알리기에리(1265~1321)는 오래된 시인이다. 오랜 세월 동안 그의 글이 살아남은 이유는 인간 보편의 생각과 감정을 놀라운 상상과 생생한 감각, 세련된 문장으로 펼쳐 보이기 때문일 것이다. 그는 시간과 공간을 초월하여 언제나 새로운 심장에서 신선한 숨을 뿜어내며 우리 곁에 자리했다. 그리고 우리를 저 먼 고대 시인의 신비로움과 가까운 근대 작가의 친근함 사이 어디쯤으로 데려간다. 그는 신비로우면서도 친근하다.

단테가 어려서 만난 베아트리체는 평생에 걸쳐 영감의 샘이 되었다. 그녀의 이른 죽음은 그에게 상심과 좌절을 안겨주었고, 삶에 급격한 전환을 가져왔다. 이후 그는 철학을 공부하는 한편, 정치 일선으로 나서서 피렌체를 움직이는 주역으로 떠올랐다. 하지만 경력의 절정에 이른 어느 한순간 패배하고 추방당했다. 망명자로서 단테의 삶은 고달프고 외로웠지만 주류에서 벗어나 은둔하는 삶은 오히려 성찰과 집필을 위한 좋은 환경이 되어주었다. 그는 쓰고 또 썼다. 망명은 그를 초월의 작가로 만들어주었다. 더 이상 피렌체에 속하지도 않았고 당대에 머물지도 않았다.

나는 『신곡』을 읽으며 단테를 만났다. 단테처럼 오래된 시인을 읽는 일은 금방 싫증이 나기 마련이다. 『신곡』을 만족스럽게 완독했다는 사람은 만나기 힘들다. 그래도 나는 『신곡』을 계속 읽었고 번역도 했다. 신기하게도 읽을수록 늘어나는 고통에 비례하여 재미가 붙었고, 그 고통과 재미는 끝이 없는 듯 보였다.

나는 단테의 무엇에 홀렸던가? 카를 마르크스는 1867년 런던에서 낸 『자본론』 초판 서문 끝에 이탈리아어로 이렇게 썼다. "너의 길을 따르라. 사람들은 말하게 내버려두라." 단테가 「연옥」 5곡 13행에서 베르길리우스의 입을 빌려 한 말을 살짝 바꾼 것이다. 마르크스는 시대와 사회의 큰 흐름이 오히려 사람들을 편견에 몰아넣을 수 있다 생각했다. 그는 당시 한창 몸집을 키워가던 자본주의를 뿌리부터 비판하면서 신념을 오롯이 지켜나가려 했다. 그런 그에게 단테는 의지할 수 있는 훌륭한 선배이자 동료였다. "탑처럼 굳건하여, 바람이 불어쳐도 / 끝자락조차 일체 흔들리지 말라."(「연옥」 5곡 14~15행)

단테는 작가로서뿐만 아니라 학자로서도 뛰어난 면모를 보여주었다. 그는 언어, 철학, 종교, 정치, 신학, 자연과학에 이르기까지 모든 것을 유기적으로 연결하여 세상을 바라보고 글을 썼다. 그래서 작가 대신 철학자나 정치학자 단테를 떠올려도 무방하다. 그러나 단연 뛰어난 점은 실천적 지식인의 모습이다. 그는 보편타당한 목표를 향한 신념을 견지하는 동시에 늘 변하는 구체적 현실에 스스로 관여하면서 살아갔다. 복잡다단한 우리 인간의 삶을 결코 간단명료하게 정리하지 않았고, 하나의 궁극 가치와 목표를 향해 직선으로 나아가지도 않았다. 경이롭고 작은 수많은 파편들이 그의 글과 삶 구석구석에 은밀하게 흩뿌려져 있다.

단테는 나날의 작은 국면뿐만 아니라 인간의 존엄이나 정의 같은 큰 차원에서도 믿음직스러운 지침을 준다. 하지만 그 지침은 정해진 대답으로 안내하기보다는 생각거리를 계속 던져주는 역할을 한다. 그의 흔들리지 않았던 신념은 진실을 향해 마음을 여는 그 자체였다. 그래서 앞장서서 이끌기보다는 나란히 길을 걸으며 이야기를 주고받는 동반자의 느낌을 준다. 그의 글은 그를 만나는 잘 꾸며진 아늑한 장소다. 하지만 그의 글이 일으키는 경이는 우리를 생각에 잠기게 한다. 마치 한 운동이 그 운동을 일으키는 원인에 따라가듯, 우리가 단테의 글을 경이롭게 여기고 생각에 잠기는 것은 그 스스로가 세상을 경이롭게 보고 생각에 잠겼기 때문이다.

미켈란젤로 부오나로티가 대리석으로 깎은 로렌초 데메디치의 그늘에 잠긴 눈초리는 어딘가를 가만히 응시한다. 오귀스트 로댕은 그 조각에서 영감을 받아 '지옥의 문' 꼭대기에서 아래를 내려다

로댕의 〈지옥의 문〉(1888)

단테가 『신곡』에서 묘사한 지옥으로 가는 문은 이후 많은 사람들에게 영감을 주었는데, 가장
많이 알려진 것이 바로 오귀스트 로댕이 새긴 〈지옥의 문〉일 것이다. 로댕은 이탈리아 여행에
서 산조반니세례당의 청동문과 미켈란젤로의 부오나로티 〈생각에 잠긴 사람〉을 보고 깊은 영
감을 받은 뒤, 지옥의 문 꼭대기에서 아래를 내려다보는 단테의 형상을 가져와 6미터 높이의
〈지옥의 문〉을 제작했다. 중앙 상단에 단테를 상징하는 '생각하는 사람'이 앉아 있고, 그 밑으
로는 지옥으로 향하는 인간들의 고통과 번뇌가 표현되어 있다. 이와 같이 〈지옥의 문〉의 일부
로 제작된 '생각하는 사람'은 이후 독립적으로 떨어져 나와 더 크게 제작되어 기념비적인 조각
작품으로 자리매김되었다.

보는 단테의 형상을 가져와 〈생각하는 사람〉이라는 작품을 남겼다. 그 비틀려 긴장감을 불러일으키는 자세는 물론이고 골똘히 생각에 잠긴 얼굴에서 우리는 삶의 이편과 저편을 오가는 시선을 느끼게 된다.

지옥의 문 위에 걸터앉아 아래를 내려다보는 자세의 핵심은 발끝에 모인 긴장감에 있다. 잔뜩 구부린 발가락들은 지옥으로부터 받는 중력을 견디는 상황임을 알려준다. 지옥은 신의 사랑을 끌어내리려 하고 단테는 그에 저항한다. 그러면서 지옥에서 벌어지는 광경을 보려 하고 그것에 대해 생각하려 한다. 그것은 치열한 지적인 싸움이다. 지옥을 견뎌내는 힘은 지성에서 나온다. 꽁꽁 얼어붙은 지옥의 밑바닥이 표상하는 침묵과 부동의 반지성주의와 대조적으로 지성주의는 끊임없이 움직이고 말하는 가운데 추구된다. 단테는 지옥을 견디는 지성의 힘으로 연옥과 천국으로 날아오르고, 그 여행에 대해 우리에게 말해준다.

단테를 마음에 담아

오랫동안 나는 글을 통해 단테를 만났다. 그러다 어느 순간 단테의 언어가 눈앞의 현실 사물에 도달한다는 사실을 깨달았다. 『신곡』은 감각이 소멸한 죽음 이후의 세계를 다루지만, 사실은 늘 죽음 이전의 현실 세계를 아주 선명하고 구체적으로 가리키고 있었다. 나는 단테의 손가락이 가리키는 대상으로 시선을 향했다. 거기에는 단테가 살았던 세상, 14세기 전후의 이탈리아 중북부라는 구체적인 시공간이 놓여 있었다. 단테가 있던 그곳에 가야 했다.

이 여행에서 나는 가능한 대로 단테의 시선이 머물렀던 대상의 흔적을 찾아 헤맸고, 그것이 그의 언어에 어떻게 스며들어 있는지 확인하려 했다. 햇볕이 나른한 오후에 먼지 날리는 길을 달리고, 해가 저무는 해변에서 하염없이 황혼을 바라보며 사진을 찍었다. 산길을 돌아 나타나는 조그만 식당에 앉아 글을 썼고, 어둠이 내리는 여관방에 앉아 다음 행선지를 구상했다. 가는 곳마다 단테를 만났고, 그의 언어에 스민 나무와 햇살을 보았으며, 흙냄새를 맡고 새소리를 들었다. 그는 나를 따라왔고 나를 지켜보고 있었다. 가는 곳마다 그의 언어가 그의 감각과 조응하던 그때 그 자리를 내 마음에 들여놓았다. 나는 그와 통하는 마음의 창을 열었다. 그의 언어가 새롭게 보이기 시작했고, 나는 행복했다.

이 책은 평전과 기행문을 더한 형식을 띤다. 평전은 한 사람의 일생 이야기이니 시간 순서대로 써 내려가는 것이 맞고, 기행문은 한 사람의 여행 이야기니 공간 순서대로 따라가는 것이 더 맞다. 평전의 주인공 단테와 기행문의 주인공 나를 잘 포개놓는 일이 중요하

피에솔레에서 내려다보이는 피렌체의 상징 두오모
'피렌체의 테라스'라고도 불리는 피에솔레는 피렌체 북동쪽 교외의 높은 언덕에 자리한 작은 마을로, 피렌체의 전경을 볼 수 있는 또 하나의 명소다. 피에솔레 언덕에서 바라보는 피렌체는 '꽃피는' '번성하는'이라는 뜻을 가진 도시 이름답게 꽃잎처럼 펼쳐져 있다. 이곳에서 피렌체를 내려다보며 단테는 어떤 생각을 했을까?

다. 단테의 일생을 따라가는 평전이 이 책의 뼈대를 이루지만, 그 일생이 어디서 펼쳐졌는지 추적하는 내 발길이 적절하게 살이 되도록 했다.

함께 밝혀둘 것은, 이 책의 내용은 기본적으로 단테의 글에서 나온다는 점이다. 단테에 관한 직접적인 기록은 별로 없다. 따라서 그의 일생을 소개하면서 마치 객관적인 사실을 알려주는 역사서의 형식을 취하는 것은 적절하지 않다. 그에 대해 알려진 내용은 대부분 그 자신이 말해준 것이다. 결국 그가 남긴 글을 가능한 대로 자세히 들여다보며 나름의 해석을 통해 삶과 시대를 알아나가야 한다. 그것이 '단테×박상진'이라는 구도의 의미다.

여행을 하며 나는 단테의 글이 주변의 사물을 어떻게 재현했는지 관찰하고, 이를 통해 당시에 일어난 사건을 상상하고 그의 생각을 이해하려 애썼다. 이런 체험은 방에 앉아 글로만 만나던 단테를 새롭게 만나고 생생하게 느끼게 해주었다. 이 책을 읽으면서 독자들도 나와 같은 체험을 할 수 있기를 바란다. 직접 나서서 내가 갔던 길을 따라가보는 것도 좋을 것이다. 그러면 단테의 글이 거기 사물들과 만나 재잘대는 소리를 들을 수 있을 것이다. 그가 햇살을 받으며 걸었던 언덕을 밟아보고, 어딘가에 앉아 그가 보았을 먼 지평선에 눈을 주다가, 어느 조그마한 식당에 들러 향긋한 트러플 버섯 파스타를 먹고 나서 에스프레소를 앞에 놓고 잠깐 졸아도 좋으리라.

로마에서 출발해 피렌체를 중심에 놓고 동쪽과 서쪽으로 원을 그리면서 다니다 보니 나비 형태가 되었다. 동으로는 파뇰레에서 산고덴초, 팔테로나산, 카센티노, 아시시, 카말돌리, 베르나, 구비오,

포를리, 라벤나로 갔다가 베네치아까지 북상한 뒤, 파도바로 동진하여 베로나와 만토바를 거쳐 피렌체로 내려와 휴식을 취하며 글과 자료를 정리했다. 다시 길을 나서서 이번에는 시에나로 내려가서 그 주변의 몬테리조니와 몬타페르티를 보고 루카와 피스토이아를 거쳐 서해안을 따라 북상했다. 친퀘테레는 경치가 일품이지만, 망명객 단테의 설움을 생각하느라 해가 저무는 먼바다만 눈에 들어왔다. 카라라, 포스디노보, 루니자나 일대를 돌아보고, 볼로냐와 프라토를 거쳐 피렌체로 돌아왔다. 피렌체의 마지막 며칠은 피에솔레에서 보냈다.

몸과 마음이 지칠 대로 지쳐서 돌아왔다. 깊은 잠에 빠지고 싶었으나 그러지 못했다. 긴 여행 동안 몸은 수축되고 마음은 긴장되었다. 풍경은 속절없이 눈앞에 떠올랐고 마음은 한없는 그리움으로 사무쳤다. 단테와 더불어 보낸 시간이 나를 쉽사리 놓아주지 않았다.

어떤 중압감이 나를 짓누르고 있었다. 단테 옆에 서서 맞아들이던 바람과 올려다보던 별을 이제 언어로 떠내야 하는 일에 마음이 한없이 무거워진다. 언제나 언어를 마음에서 해방시킬 수 있을까, 과연 언어가 마음을 담아낼까, 의심스러웠다. 언어가 마음을 떠내도록 마음이 가벼워지기를 기다려야지 하면서도, 그러는 동안 혹시 기억이 사라지지나 않을까 불안했다. 기억의 창고에서 주섬주섬 꺼낼 때가 되기를 기다린다.

01

아름다운
아르노 강변에서

피렌체, 신의 어깨를 타고 올라서다

장소와 시대는 사람을 만든다. 단테가 13세기 후반, 거대한 변화가 일어나고 있던 이탈리아 피렌체에서 태어나고 자란 것은 행운이었다. 서양 전체의 역사에서 사실상 중세에서 근대로 바뀌는 과도기가 13세기였다면, 변화는 다른 어느 곳보다 피렌체에 집중되고 있었다. 인간에 대한 새로운 관심과 접근과 표현이 초월적 신의 어깨를 타고 올라서던 곳이었다. 용광로처럼 끓어오르는 새로운 역사와 문화의 현장에서 단테는 교육을 받고 사랑을 하며 글을 쓰고 현실 정치에 몸을 던졌다.

피렌체에는 손에 꼽기 힘들 만큼 자주 들렀다. 어느 때부터인가 하늘 길로 들어가는 일이 잦아졌지만, 그 전에는 주로 기차를 타고 들어갔다. 피렌체 시내에 위치한 역에서 나오면 바로 산타마리아노벨라성당이 눈에 들어온다. 역사驛舍가 로마나 밀라노처럼 웅장한 기념비적 건축물은 아니더라도 제법 넓은 공간에 언제나 오가는 사

미켈란젤로광장에서 내려다본 피렌체 전경
단테는 1265년에 피렌체에서 태어나 1302년 망명길에 오르기 전까지 반평생을 이곳에서 살았다. 당시 피렌체는 새롭게 부상한 시민계급의 주도 아래 경제적 번영을 구가하는 한편으로, 신에 대한 관심 대신 인간에 대한 관심이 새롭게 대두되면서 르네상스 운동의 요람으로 발돋움하고 있었다. 이런 분위기에서 자란 단테를 두고 훗날 프리드리히 엥겔스는 "최후의 중세 시인인 동시에 최초의 근대 시인"이라 불렀고, 영국의 시인이자 비평가 T. S. 엘리엇은 서양의 근대는 단테와 셰익스피어에 의해 나눠진다고 말한 바 있다.

람들로 가득하다. "아텐치오네!" 기차의 출발과 도착을 알리던 묵직한 안내 방송은 기억으로만 남아 있다. 그런 방송을 더는 안 하기도 하지만 이제는 비행기를 더 자주 이용하게 되었기 때문이다. 기차를 타고 피렌체로 들어가던, 감수성이 훨씬 더 풍부했던 젊은 시절, 분주히 오가던 사람들, 공중에 울려 퍼지던 방송 소리, 어디서든 풍기던 커피 냄새, 역사를 나서자마자 눈에 들어오던 구불구불한 길에 대한 기억은 지워지지 않는다. 천천히 걸음을 옮겨 시내로 들어가던 때는, 꼭 그렇지는 않았을 텐데, 어쩐지 예외 없이 해가 쨍쨍했던 것 같다.

1265년에 태어나 1301년에 추방당한 단테가 살았던 피렌체는 지금 모습과는 사뭇 다르다. 피렌체 하면 흔히 떠올리는 산타마리아델피오레대성당(두오모)은 1296년에 착공하여 피렌체의 상징처럼 되어버린 브루넬레스키의 돔과 함께 1471년에 완공했다. 시뇨리아광장 앞에 우뚝 서 있는 베키오궁은 1298년부터 짓기 시작하여 1315년에야 기본 외형을 갖추었다. 원래 그 자리에는 로마 시대에 설치된 야외극장과, 1266년 피렌체에서 쫓겨난 기벨리니(신성로마제국 황제파)의 우베르티 가문의 저택이 있었다. 산타마리아노벨라성당과 산타크로체성당도 단테 시대에는 지금 우리가 보는 형태와 달랐다. 산타마리아노벨라성당은 1246년에 짓기 시작하여 1326년에 완공했고, 현재와 같은 전면부는 1470년에 레온 바티스타 알베르티가 축조했다. 산타크로체성당은 1294년에 아르놀포 디 캄비오의 지휘 아래 착공하여 1385년에 완공했다. 하지만 이름난 유적지만 둘러보는 관광객의 눈을 버리고 찬찬히 들여다보면 곳곳에 도사린 단테 시대의 흔적을 알아볼 수 있다.

단테가 태어날 즈음 피렌체의 인구는 약 10만 명에 달했다. 파리 인구보다 많았고, 런던 인구에 비해서는 두 배였다. 그러나 그들 대부분은 인구가 3만 명이던 1078년에 축조한 "옛날 성벽"(「천국」15곡 98행) 바깥에 거주했다. 성벽은 산조반니세례당, 산타레파라타성당, 바디아피오렌티나와 같은 피렌체의 핵심 건물을 품고 있었고, 산타 마리아노벨라성당과 산타크로체성당과 같은 주요 성당들은 성벽 밖에 위치했다. "옛날 성벽" 시절의 피렌체는 절제와 평화 속에 살고 있었다(「천국」15곡 98~99). 정쟁과 분열은 오히려 피렌체의 번영과 함께 시작되었다.

아르노강 하류에 자리 잡아 물과 교통을 충분히 활용할 수 있었던 피렌체에서는 일찌감치 면직 산업이 발전했다. 더불어 무역과 금융을 기반으로 하는 새로운 시민 계급이 도시의 주도권을 쥐면서 토스카나 지역의 중심지로 급성장했다. 피렌체는 주로 모피, 면직, 가죽 산업을 일으킨 상공인 계급의 번영과 함께 확장되었지만, 사실상 그들에게 자본을 대던 금융업자의 경제력이 더 큰 힘을 발휘했다. 단테 당시 피렌체에는 약 여든 개의 은행이 난립했고, 1252년 유럽에서 최초로 주조한 피렌체의 금화 피오리노가 유럽의 공식 통화로 채택되면서 피렌체의 부는 엄청나게 팽창했다.

피렌체의 세력이 급속하게 확장되고 인구가 늘어나면서 1284년 캄비오의 설계에 따라 새로운 성벽을 건설하기 시작했다. 이 성벽은 1333년 완성되었을 때 전체 길이 8킬로미터, 높이 14미터, 폭 2미터의 위용을 자랑했다. 성내 곳곳에는 탑이 들어섰는데, 주로 가문의 상징이자 위세를 자랑하기 위한 것이었다. 가문들끼리 충돌해서 어느 한편이 이기면 다른 편이 세운 탑을 부수는 일이 일어났다. 1248년 기벨리니에 속한 여러 가문들이 피렌체의 패권을 쥐었을 때, 궬피(교황파) 가문들이 세운 탑 서른여섯 개를 파괴했다는 기록도 있다.

피렌체를 관통하는 아르노강에는 단테가 태어날 무렵 네 개의 다리가 걸려 있었다. 그 이전에는 상당히 오랫동안 폰테베키오('오래된 다리'라는 뜻)가 강의 남과 북을 이어주는 유일한 통로였다. 이 다리는 정확히 언제인지는 모르지만 로마 시대에 강폭이 가장 좁은 곳에 지어진 이래 여러 번 개축되었다. 지금은 전 세계에서 몰려든 관광객의 눈을 어지럽히는 금은방으로 가득하지만, 당시에는 냄새나는 푸줏간과 제혁소가 들어서 있었다. 그런데 보기 흉할 뿐만 아니라 고기와 가죽을 손질하느라 강물을 오염시키는 바람에 1593년 페르디난트 1세 대공이 금은 세공을 취급하는 상인들을 입주시켰다. 그러다 1565년 조르조 바사리가 베키오궁과 피티궁을 연결하는 '바사리의 복도'를 만든 이후로는 다리 위로 더 많은 사람들이 오가게 되면서 피렌체에서 가장 번화한 전통의 거리가 되었다. 폰테베키오는 제2차 세계대전 중 독일 점령 아래 다른 다리들이 다 파괴되는 가운데에서도 유일하게 살아남았다. 믿거나 말거나 예술 옹호자이던 아돌프 히틀러의 명령 덕분이라는 말도 있다. 또한 1966년 전대미문의 대홍수가 피렌체의 거의 모든 곳을 초토화하는 가운데서도 말짱했다.

단테는 1301년경 피렌체를 떠나 다시는 돌아오지 못하고 1321년

타지에서 사망했기 때문에 우리에게 익숙한 두오모와 폰테베키오로 이루어진 피렌체는 보지 못했다. 그는 산토스피리토성당을 제외한 모든 성당들이 "옛날 성벽" 밖에 위치한 지형에 익숙했다. 하지만 성의 안팎과 관계없이 동으로는 산타크로체성당, 서로는 산타마리아노벨라성당, 남으로는 산토스피리토성당, 북으로는 산마르코수도원을 잇는, 상당히 조화롭고 체계적인 배치에 맞추어 생활했다. 산타마리아노벨라성당에는 도메니코수도원이, 산타크로체성당에는 프란체스코수도원이 자리하고 있다. 단테는 그 수도원들에 익숙했을 것이다.

나는 내 집을 교수대로 만들었던 거요

난 아름다운 아르노의
강 언저리 큰 도시에서 태어나 자랐고,
—「지옥」23곡 94~95행

단테는 아름다운 강과 대도시의 이미지로 고향 피렌체를 회상한다. 그러나 마냥 좋지만은 않았다. 부와 권력의 급격한 증대에 따라 부패가 만연하던 피렌체에 대한 단테의 태도에는 애증이 교차한다. 그 내용은 『신곡』 여러 곳에 등장한다. 단테는 피렌체의 경제적 번영이 불행의 씨앗이 되리라 생각했고, 지옥에 있는 자살자의 숲에서 만난 망령의 입을 빌려 이렇게 말한다.

피렌체를 관통하는 아르노강과 폰테베키오

아르노강은 이탈리아의 등줄기인 아펜니노산맥의 팔테로나산에서 발원하여 토스카나 지방을 가로질러 피렌체의 젖줄이 되었다가 리구리아해로 흘러든다. 이 강의 하류에 자리 잡은 피렌체는 풍부한 물과 교통을 십분 활용하여 일찍부터 면직 산업을 발전시키면서 번영을 이루었다. 폰테베키오는 현재 이 강에 걸려 있는 여섯 개의 다리들 중에서도 가장 오래된 것이다. 본래 푸줏간과 제혁소가 들어서 있었는데 비위생적이고 미관을 해친다는 이유로 16세기에 금은 세공을 하는 상인들을 입주시키면서 금은방으로 가득한 다리가 되었다. 흔히 단테와 베아트리체가 만난 다리로 알려져 있으나, 둘이 만난 곳은 폰테베키오 바로 아래에 있는 폰테산타트리니타였다.

나는 처음의 수호신을 세례자로 바꾼

도시 사람이었소. 바로 그 일 때문에

수호신은 자신의 기술로 늘 그 도시를 슬프게 할 것이오.

만일 지금 아르노의 다리 위에

그의 모습이 조금이라도 남아 있지 않다면,

아틸라가 남긴 잿더미 위에

도시를 새로 건설했던 그 시민들은

저들의 수고를 헛되이 만들게 될 것이오.

나는 내 집을 나의 교수대로 만들었던 거요.

— 「지옥」 13곡 143~151행

원래 피렌체는 전쟁의 신 마르스를 수호신으로 삼고 있었다. 그
러다가 로마 가톨릭이 전파되자 수호신을 성 요한("세례자")으로 바
꾸고 마르스상을 아르노 강변에 늘어선 여러 탑 가운데로 옮겼다.
위의 인용문에서 단테는 "아틸라"라고 명명하지만, 6세기에 피렌
체를 침략하여 잿더미로 만든 오스트로고트족의 왕 토틸라와 혼동
한 것으로 보인다. 이때 토틸라는 마르스상을 아르노강에 던져버렸
는데, 801년 샤를마뉴 대제가 피렌체를 재건할 때 건져 올려 폰테
베키오 입구에 다시 세웠다. 그렇게 세워진 마르스상은 500년 넘게
단테의 시대까지도 자리를 지켰다. 하지만 피렌체의 수호신은 이미

피오리노에 새겨져 사방 천지를 돌아다니는 성 요한으로 바뀌고 있었다.

피렌체는 도시 형성 단계에서 군사력을 필요로 했지만, 단테 당시에는 그 힘을 상업과 금융에서 키우고자 했다. 피오리노는 1252년부터 주조되기 시작하여 순식간에 유럽의 기본 통화로 성장했다. 그것은 당시 교황 보니파키우스 8세가 엠페도클레스의 네 가지 원소에 이어 다섯 번째 원소라 부를 만큼 세상을 지탱하는 경제 기반으로 인정받았다. 피오리노의 양면에는 각각 성 요한과 백합이 새겨져 있다. 다른 도시의 화폐에는 흔히 교황이나 황제의 얼굴이 새겨졌지만, 피렌체는 도시의 상징물을 내세우기를 꺼리지 않았다. 그만큼 자부심과 자신감이 넘쳐났다는 의미다.

앞의 인용문에서 익명의 자살자는 피렌체의 수호신이 전쟁의 신 마르스에서 성 요한으로 바뀐 사실이 못내 마음에 들지 않는다. 피렌체는 돈이 넘쳐나지만 곧 파멸로 이어지리라 예견한다. 그는 집에서 목을 매달아 자살했다. 자신의 집을 교수대로 만들었다는 진술은 피렌체가 자멸의 길을 걷고 있다는 의미다. 그의 익명성과 자살은 극심한 내분에 의해 파괴되고 약해진 피렌체 전체를 상징한다.

단테는 이름 없는 자살자의 암울한 예언에 대해 아무런 대답도 하지 않는다. 다만 이어지는 14곡을 시작하는 삼연구로 그에 관한 이야기를 마감한다.

> 태어난 곳에 대한 사랑이 날 휘감고 나서,
> 나는 흩어진 잎을 그러모아 이미

목이 쉬어버린 그에게 돌려주었다.

—「지옥」 14곡 1~3행

　자살자의 말에서 단테는 피렌체에 대한 기억을 떠올리고 애착을 드러낸다. 태어난 곳을 향한 사랑의 마음이 그를 휘감는다. 자살자가 피렌체의 몰락을 말한다 해도 상관없다는 투다. 다만 단테는, 격하게 이야기를 이어가느라 목이 쉬어버린 자살자의 나무에서 떨어진 잎을 주워 돌려준다. 단테는 그저 그를 위로하고 싶었으리라. 자살자의 예언과 함께 단테의 유보적인 태도는 피렌체에 대한 애증을 간접적으로 드러낸다.

　단테는 자신이 태어나 자라고 활동하며 공동체의 꿈을 추진한 피렌체에 당연히 애정과 기대를 품었을 것이다. 그러나 인생 중반에 피렌체에서 쫓겨난 뒤에는 비판의 목소리를 드높인다. 『신곡』에서 그는 지옥에 내려가 반니 푸치의 망령과 만나는 장면을 상상한다. 반니는 피렌체와 이웃한 피스토이아의 흑당 지도자였다. 피스토이아는 궬피에서 분화된 백당과 흑당 간의 당쟁이 끊이지 않는 곳이었다. 반니는 피스토이아의 당쟁에 휘말려 혼란스러워질 피렌체의 운명을 예언한다.

　먼저 피스토이아에서 흑당이 마르고
　다음에 피렌체가 사람과 관습을 변화시킨다.

　마르스가 불길한 구름을 겹겹이 두른

마그라 계곡에서부터 번개를 몰고 오면,
피체노의 벌판에서 거칠고 모진

폭풍우와 더불어 싸움이 벌어진다.
번개가 구름을 찢어버리면,
모든 백당은 상처를 입을 것이다.

　　　　　—「지옥」 24곡 142~151행

경제와 정치에서 날로 번영하며 주변 도시들과 불화를 일으키는
피렌체는 단테에게 "타락한 땅"(「지옥」 16곡 9행)이며 그 명성은 지옥
에까지 이름을 떨친다(「지옥」 26곡 1~3행). 피렌체를 향해 날리는 단
테의 독설은 조롱과 비판으로 현란하게 전개되지만, 그 한구석에
담긴 애정과 기대는 아마 죽기까지 꺼지지 않았을 것이다.

구원을 꿈꾸는 이름, 알리기에리

조반니 보카치오는 단테가 중간 키에 구부정한 자세로 느리게 걸
었다고 전한다. 긴 턱에 매부리코, 눈은 큰 편이고 아랫입술이 크며
피부가 어둡고 머리카락은 검은 곱슬, 항상 우울한 표정에 생각에
깊이 잠긴 모습이었다. 당대 최고의 화가 조토 디본도네가 그린 단
테의 초상화는 보카치오의 묘사와 대체로 일치한다. 조토는 단테와
친하게 교류한 반면, 보카치오는 단테가 세상을 떠났을 무렵 겨우

일곱 살이었다. 따라서 조토가 그린 얼굴이 실제에 가깝고, 보카치오의 묘사는 그림을 반영했을 가능성이 높다. 더욱이 조토는 중세의 관념성에서 벗어나 사실주의 화법을 처음 시작한 당대 가장 뛰어난 화가였으니, 그의 초상화는 단테의 실제 모습을 가장 잘 전해준다 보아도 무방하다. 조토가 재현한 단테의 구부러진 코와 긴 턱은 그의 강한 인상을 대표하며, 이후 수많은 화가가 그린 그림에 공통되게 나타난다. 특히 보티첼리의 초상화는 코와 턱의 특징뿐만 아니라 깊은 예지를 발산하는 눈매를 인상적으로 그려냈다.

단테는 고조부 카치아귀다를 등장시켜 자기 가문을 소개한다.

나의 여자는 파도의 계곡에서 내게 왔고,
너의 성은 그렇게 생겨났노라.
ㅡ「천국」 15곡 137~138행

카치아귀다는 포강("파도Pado의 계곡") 유역에 자리한 페라라의 알디기에리Aldighieri 가문 출신 처녀("나의 여자")와 결혼했다. 그는 아내의 성을 따서 아들의 이름을 알리기에로라 지었고("너의 가문을 시작한 영혼", 「천국」 15곡 91행), 손자 벨린치오네는 아예 할머니의 성을 이어받아 벨린치오네 델리 알리기에리라 불렸다. 단테의 성 알리기에리는 이렇게 시작되었다. 벨린치오네는 전통적인 재산 형태 대신 새로 일어나던 금융 관련 사업에 뛰어들었다. 당시 금융업은 성행하던 대금업과 별로 구분되지 않았고, 이로 인해 단테는 고리대금업자를 지옥에 위치시키면서도 그 죄에 대해서는 모호한 태도를 보

디본도네 조토가 그린 단테 초상(1335년경)

중세 미술의 종교적 관념성에서 벗어나 사실주의적 표현으로 르네상스 미술의 새 장을 연 조
토는 단테와 교유하면서 그의 초상을 남기기도 했다. 긴 턱에 구부러진 코를 가진 단테의 모
습은 이후 다른 화가들이 그린 그림에도 공통으로 나타났다. 조토의 이 그림은 바르젤로성의
포데스타예배당의 벽화로 그려진 것이다.

이기도 한다.

고통스러운 불길이 떨어지는 가운데

몇 사람의 얼굴에 눈길을 주었지만,

아무도 알아볼 수 없었다.

—「지옥」17곡 52~54행

단테는 지옥의 일곱 번째 고리에 내려갔을 때 떨어지는 불똥을
피해 이리저리 뛰어다니는 고리대금업자들과 마주치는데, 아무도
알아볼 수 없었다고 말한다. 사실은 모른 척하는 것일 수도 있다. 고
리대금업을 죄악이라 정면으로 선언하지 않는 것이다. 단테의 사촌
포레제는 그의 아버지를 고리대금업자였다고 비난한 적이 있다. 단
테는 아버지를 어느 글에서도 언급한 적 없지만, 비난은 피해가고
싶었으리라. 하지만 자기 가문의 금융업이 고리대금의 성격을 지닌
다는 점은 의식했던 것 같다.

가문은 대대로 궬피에 속했다. 13세기 피렌체의 지배권은 궬피
와 기벨리니라 불리는 두 파벌 사이를 오갔다. 궬피는 주로 새로 형
성된 수공업자 및 금융업자 계층과 하급 귀족에 기반을 두면서 교
황권을 지지했고, 기벨리니는 전통적인 봉건 지주 귀족층의 지원
을 받는 가운데 이탈리아와 독일을 잇는 신성로마제국의 황제권을
지지했다. 피렌체의 내정에 깊숙이 관여하던 단테의 조부 벨린치
오네는 정쟁에 휘말려 두 번이나 추방당했다가 복귀한다(1248~1251,
1260~1267). 이에 관해 단테는 기벨리니의 수장 파리나타 델리 우베

르티의 입을 빌려 묘사하는데(「지옥」 10곡 48~50행), 그 내용은 뒤에 소개할 몬타페르티 전투에서 다룰 것이다. 벨린치오네는 아들을 여섯 두었고, 단테의 아버지는 장남으로 추정된다. 벨린치오네는 손자 단테가 네 살 되던 1269년에 사망했다.

한편 지옥에서 만난 스승 브루네토 라티니가 부패한 피렌체를 구할 "저 로마인들의 거룩한 씨앗"(「지옥」 15곡 77~78행)이라 말한 것이 단테의 가문 또는 단테 자신을 가리킨다고 본다면, 단테의 가문은 고대 로마의 귀족 가문으로까지 연결된다고 볼 수 있다. 카치아귀다로부터 명망 있는 가문이라는 말을 들은 단테는 "우리 피의 하찮은 고귀함"(「천국」 16곡 1행)이라 언급한다. 고귀함이 하찮을 수 없는 노릇이다. 그 자체로 모순되는 이 표현에서 단테 자신의 이중적인 처지가 드러난다. 로마인에게까지 연결되는 자기 가문의 자부심을 느끼는 한편, 지상에서 누리는 그 명망이란 영원한 구원의 길을 걷는 영혼의 고귀함에 비해 진정성이 떨어진다고 보는 듯하다.

단테는 1265년 아버지 알리기에로 델리 알리기에리와 어머니 가브리엘라 델리 아바티(벨라라고 불렸다) 사이에서 장남으로 태어났다. 단테 자신이 「천국」 22곡에서 언급하기를 쌍둥이자리라고 하니, 5월 21일에서 6월 21일 사이였다. 그의 말대로 자신의 문학과 지성의 뛰어난 자질은 쌍둥이자리에서 나온 것인지도 모른다. 어머니는 기벨리니 계파의 매우 부유한 지주 가문 출신이었다. 단테의 이름은 처음에는 외할아버지 두란테 델리 아바티의 이름을 따서 '두란테Durante'라고 불리다가 1266년 3월 산조반니세례당('산조반니'는 성요한의 이탈리아어다)에서 세례를 받으면서 '단테Dante'라 줄여졌다.

어려서 잠시 불린 이름이기는 하지만, 이탈리아어로 '지속하다' '견디다'의 뜻을 지닌 두란테는 단테의 삶을 정의하는 데 딱 맞는 단어다. 그는 현실의 상황에 정면으로 대결하는 가운데 삶을 이어갔고, 『신곡』의 주인공으로 등장하여 지옥의 끔찍한 고통의 현장을 참고 견뎌 연옥에 도달하고 천국에 오른다.

한편 '알리기에리'라는 성의 기원이 된 라틴어 '알리게르aliger'는 '날개 달린'이라는 뜻이다. 날개의 이미지는 단테의 글에서 자주 등장한다. 예컨대 연옥에 오른 단테는 독수리의 발톱에 채여 하늘로 오르는 꿈을 꾸면서 천국의 섭리와 은총의 신비한 힘이 이끄는 상승의 힘을 느낀다(「연옥」 9곡 28~30행). 참고 견디는 상승의 힘은 날개에서 나온다. 그는 "내게 빛과 희망을 주었던 / 길잡이를 따라서 강한 욕망의 / 깃털과 날렵한 날개로 날아가야 한다"(「연옥」 4곡 28~30행)라고 다짐한다. "날개penne"는 펜과 더불어 사랑의 의미도 지닌다. 이름과 성이 잘 어울려 구원을 꿈꾸는 작가 단테의 기본 모습을 그려준다.

부모에 대한 자세한 기록은 없다. 대신 『신곡』에 그들의 존재가 그림자처럼 어른거린다. 어머니의 모습은 단테 평생의 연인 베아트리체와 가장 고귀한 인간 성모 마리아를 묘사할 때, 아버지의 모습은 단테의 길잡이 베르길리우스와 스승 라티니, 단테와 함께 청신체라는 새로운 문체를 주도한 귀도 귀니첼리와 만날 때 투영된다. 단테가 일곱 살 되던 1272년 어머니가 세상을 떠나자 아버지는 재혼하여 아들 프란체스코와 딸 가에타나를 두었다. 이후 아버지는 1283년쯤 피렌체 시내에 있는 얼마 안 되는 부동산과 인근 파뇰레의 농지를 남겨두고 숨을 거두었다. 장남 단테는 그 유산으로 남은 가족을 돌보아야 할 처지에 놓였다. 단테와 가까운 관계를 유지하던 이복동생 프란체스코는 단테가 결혼하고 가족이 늘어난 1290년대 후반 살림에 쪼들릴 때 채무 보증인으로 도움을 주었다.

나의 아름다운 산조반니

단테는 오래된 시인이다. 700년 이상의 시간이 그와 우리 사이에 놓여 있기에 당시의 눈에 보이는 흔적은 남아 있기 힘들다. 그나마 이탈리아가 로마 시대와 중세, 르네상스의 본거지로서 과거를 잘 보존하는 나라이기에 긴 세월 자리를 지키는 경우가 적지 않다.

우선 단테의 생가를 찾아가본다. 사실 생가는 아니고 생가 터에 새로 지은 기념관 같은 곳이다. 찻길에서 좁은 골목으로 들어가 걷다 보면 조그마한 공터가 나온다. 고개를 돌리면 바로 단테의 얼굴이 그려진 현수막이 걸려 있다. 이곳은 현재 단테박물관으로 사용된다. 들어가면 단테와 그의 시대, 활동과 저작물에 대한 관련 자료가 빼곡하다. 어마어마하게 복잡했던 당시의 정치와 사회 상황을 잘 정리해놓았다. 그런 지식을 갖추어야 단테를 이해할 수 있다고 말하는 듯하다. 전시물을 보고 기록물을 읽는다. 제대로 숙지하며 보려면 며칠을 두고 보아도 모자랄 것이다. 하지만 좁은 실내에 앉을 곳도 없이 내내 구부정하게 서서 목을 기다랗게 뺀 채 조그만 글자들을 들여다보는 일은 만만치 않다.

단테박물관

시뇨리아광장에서 우피치미술관으로 통하는 비좁은 골목에 있는 단테의 생가는 현재 박물관으로 운영되고 있다. 단테는 1265년 5월 말 이곳에서 아버지 알리기에로 델리 알리기에리와 어머니 가브리엘라 델리 아바티 사이에서 장남으로 태어났다. 이후 스승 브루네토 라티니에게서 수사학과 시민으로서 갖추어야 할 더서유 배웠고, 평생에 걸쳐 영감의 원천이 된 베아트리체를 만났으며, 청신체파 활동을 통해 새로운 문학 운동을 누느끼고 곡점 정의를 추구하며 현실 정치에 뛰어들었다가 추방당했다.

이어 단테가 세례를 받은 곳으로 찾아간다. 그가 "나의 아름다운 산조반니"(「지옥」 19곡 16행)라 부른 이곳은 피렌체의 두오모 바로 앞에 있는 성요한세례당을 가리킨다. 나중에 르네상스의 조각가 로렌초 기베르티가 이 세례당의 문을 만들었고, 미켈란젤로는 이를 '천국의 문'이라 불렀다. 지금은 두오모박물관의 유리벽 저편에 전시되어 있다. 세례당에 들어서면 아무것도 없는 광경에 놀랄지도 모른다. 그저 구석에 오각형의 우물 비슷한 것이 놓여 있다. 단테는 이 세례당을 지옥의 밑바닥에 위치한 마왕 루키페르와 비교한다.

> 그는 지금 추한 만큼이나 아름다웠는데,
> 자기 창조자에게 눈썹을 치켜세웠으니,
> 모든 통곡은 분명 그자에게서 나온다.
>
> 오, 그자 머리에서 세 개의 얼굴이 보일 때
> 내 얼마나 크게 놀랍다 느꼈던가!
>
> ―「지옥」 34곡 34~38행

악의 상징 루키페르는 원래 천사장이었다. 지금 최고로 추한 만큼 과거에는 최고로 아름다웠다. 단테는 그를 보고 크게 놀라는데, 단지 추한 모습 때문만은 아니다. 그 추함이 과거의 아름다움, 즉 마왕이 원래는 신성한 존재였다는 사실을 떠올렸기 때문이다. 루키페르는 지옥의 바닥에 거꾸로 박혀 있는데, 이는 십자가에 달린 그리스도의 뒤집힌 꼴이다. 그리스도는 십자가에 달릴 때 두 명의 도둑과 함께했는데, 이를 거꾸로 반영하듯 루키페르는 세 개의 얼굴을 달고 있다. 얼굴 세 개 달린 이미지를 단테는 이곳 산조반니세례당 천장의 모자이크에서 가져온 듯하다.

한편 산조반니세례당은 음악의 이미지로 나타난다. 단테에게 구원의 핵심은 조화다. 조화를 경험할 수 있는 가장 적절한 형태는 음악인데, 악기와 목소리 가운데 목소리가 성스러운 경지를 더 잘 표현한다고 본다. 음과 더불어 음이 실어 나르는 가사가 중요하기 때문일 것이다(「연옥」 5곡 22~24행). 당시 성악은 가장 발전한 형태의 음악인 다성악이었다.

하늘의 뱃사공은 고물에 있었는데,

그 단순한 묘사로도 축복을 가져올 듯하고,

수백의 영혼들이 배 안에 앉아 있었다.

그들은 "이스라엘이 이집트에서 나올 때"로 시작하는

「시편」의 구절을 다음 구절들과 함께

모두 한목소리로 노래 불렀다.

— 「연옥」 2곡 43~48행

연옥의 초입에서 들려오기 시작한 성악은 천국의 하늘에서 내내 울려 퍼진다. 연옥에 막 도착한 영혼들이 입을 모아 부르는 합창은 「시편」에 나오는 유대 민족이 이집트의 오랜 박해에서 탈출하는 내용을 담고 있다. 이 노래는 단테 당시 산조반니세례당은 물론 다른 모든 성당에서 불렸다. 다른 아기들처럼 단테도 어머니 팔에 안겨 세례당 천장의 팔각형 모자이크에 새겨진 성경 구절을 바라보았을 테고, 자라면서 일요일 예배에서 수도사들이 부르는 이 노래를 들었을 것이다. 세례당 중앙에 서서 천장을 둘러보며 가만히 그 광경을 떠올려보라. 어디에서인가 노래가 희미하게 들려올 것이다.

『신곡』에서 단테는 천국의 꼭대기까지 오르지만, 다시 현세로 돌아가 내세 순례에서 보고 들은 이야기를 전하리라 다짐한다. 그는 현세를 피렌체로 표현하면서 특히 "세례의 샘"으로 지목한다. 세례의 샘은 산조반니세례당을 가리킨다. 피렌체를 상징하는 "우리의 성전"(「지옥」 10곡 86행)으로 비유되기도 한다. 거기서 세례를 받았던 그로서는 처음 세상을 출발하던 때를 떠올리면서 다시 태어난 존재로 돌아가고 싶었으리라.

> 하늘과 땅이 서로 손을 잡았던, 그래서
> 나를 오랜 세월 동안 쇠약하게 만든,
> 거룩한 시가 언제라도 일어난다면,
>
> 내가 양으로 잠든 포근한 우리 밖으로
> 쫓아낸 잔악한 마음, 싸움을 거는
> 늑대들을 적으로 삼아 승리를 거둔다면,
>
> 그때 나는 다른 목소리와 다른 양털을 지닌
> 시인으로 돌아가리라, 그래서 내

세례의 샘에서 모자를 쓰리라.

— 「천국」 25곡 1~9행

아우렐리우스 아우구스티누스는 『고백록』에서 과거와 미래를 현재에 응축하는 방식으로 하느님에게 집중함으로써 신앙을 확고히 했다. 마치 원근법의 방식과 비슷하게 과거와 미래의 모든 시간을 현재로 수렴하는 것을 구원의 완성이라 생각했다. 이와 다르게 단테는 구원의 궁극에 접근하는 현재 시점에 집중하는 대신, 지난 과거에 대한 기억과 다가올 미래에 대한 기대를 떠올린다.

단테는 망명과 함께 『신곡』을 쓰기 시작했고 죽음과 함께 끝을 맺었다. 『신곡』을 쓰기 전에 그는 포근한 우리 속에 잠든 한 마리 양이었다. 하지만 그 우리에서 쫓겨나면서 『신곡』을 쓰기 시작했다. 그를 쫓아낸 자들이 싸움을 걸었고, 그것에 응전한 방식이 곧 『신곡』 집필이었다.

쇠약해진 단테를 떠올려보라. 그는 오랜 세월을 바쳐 인간의 구원을 노래하는 시를 쓰느라 심신이 지쳤다. 다리로 걷고 눈으로 보

단테가 세례를 받은 산조반니세례당

피렌체의 두오모와 나란히 붙어 있는 산조반니세례당은 단테를 비롯하여 피렌체의 유명한 사람들이 세례를 받은 곳이다. '천국의 문'이라 불리는 청동문과 웅장한 천장 모자이크가 유명하다. 팔각 형태는 초기 기독교 시절부터 내려오는 세례당의 일반적 양식으로, 이것에 상응하는 숫자 8은 기독교에서 재생을 의미한다. 단테는 「천국」에서, 산조반니세례당에서 세례를 받으며 그의 삶이 시작된 때를 떠올리는 가운데 재생의 바람을 이렇게 표현했다. "나는 다른 목소리와 다른 양털을 지닌 / 시인으로 돌아가리라, 그래서 내 / 세례의 샘에서 모자를 쓰리라."

며 귀로 듣고 머리로 생각하며 손으로 썼다. 그는 하느님을 향해 나아갔지만, 하느님에게 도달하는 것으로 끝나지 않고 다시 인간에게 회귀한다. 자신이 인간의 길을 걷는다는 사실을 잊은 적이 없는 그는 "하늘과 땅이 서로 손을 잡았던" 현장인 "거룩한 시", 곧 『신곡』을 평생 썼지만 그 작업 때문에 오랜 세월 쇠약해지고 있었다. 「천국」 마지막을 쓰던 즈음 그는 서서히 죽어가고 있었다. 그리고 지금까지 걸었던 과거를 떠올리며 미래를 상상한다. 그는 『신곡』이 널리 읽힌다면("일어난다면") 그것이 곧 승리라 말한다. 그때 비로소 힘찬 목소리와 성숙한 모습의 시인으로 다시 태어나 월계관("모자")을 쓴다. 그래서 그 거룩한 시를 미래에 사람들이 읽는다면 그것이 바로 승리라 기대한다.

그것이 바로 하늘과 땅이 서로 손을 잡는 모습이다. 단테는 『신곡』을 천국으로 수렴되고 하느님이라는 궁극의 한 점으로 흡수되는 책으로 생각하지 않았다. 『신곡』은 하늘'과' 땅이 서로 손을 잡는 '장소'다. 그것을 단테는 '거룩하다'고 부른다. 거룩함은 온전히 하느님에게만 속하지 않는다. 인간은 제 나름대로의 거룩함을 실천할 뿐만 아니라 거룩함의 목표가 된다. 거룩함은 인간에게도 속하는 것이다. 단테가 "거룩한 시"를 쓰느라 오랜 세월 쇠약해진 육신의 흔적이 그 거룩함에 담겨 있다.

그는 피렌체에서 자신을 추방한 무리와, 오랜 세월 떠돌며 『신곡』을 써왔던 과거를 회상하고 성숙한 시인으로 변신하여 돌아가 월계관을 쓰는 미래를 그린다. "세례의 샘"은 그의 삶이 시작된 기원이다. 그곳으로 돌아감으로써 변신을 재생으로 전환한다.

스승 라티니와의 만남

피렌체는 세스티에레라 불리는 여섯 구역으로 나누어져 있었고, 그 가운데 단테의 집은 산피에르마조레 구역에 속했다. 단테는 바로 집 근처에 위치한 산마르티노성당에서 미사를 보고 바디아피오렌티나에서 공부했다. 바디아피오렌티나에서 기도 시간인 성무공과를 알리기 위해 하루 일곱 번 울리는 종소리를 들으며 하루를 보냈다. 종소리는 시계가 없던 당시에 일상생활의 기준을 제공했다. 단테는 나중에 「천국」을 쓰면서 아마도 이 종소리를 향수에 젖어 회상하고 싶었나 보다. 가문의 조상인 카치아귀다의 입을 빌려 종소리를 통해 피렌체를 평화와 절제의 도시로 기억하려 하니 말이다. 하지만 배신의 고국 피렌체에 남은 것은 종소리밖에 없다는 이야기일 수도 있다.

아직도 셋째와 아홉째 종소리를 듣는,
옛날 성벽 안에서 피렌체는
절제와 정숙, 평화 속에 살고 있었다.

사람을 더 돋보이게 하는 팔찌도 없었고,
머리 관도, 장식 달린
야회복이나 허리띠도 없었다.

—『천국』 15곡 97~102행

10대 후반에 단테는 당시 유명한 학자이자 공직자였던 라티니에게서 수사학과 함께 시민으로서 갖추어야 할 도덕성을 배웠다. 라티니는 정쟁에 휘말려 추방당해 한동안 프랑스에 머문 적이 있었다. 이때 마르쿠스 툴리우스 키케로의 『수사학』과 아리스토텔레스의 『니코마코스 윤리학』을 토스카나어로 번역했고, 프랑스어로 『보전』을 썼으며, 프로방스 서정시를 수집하며 송시를 지었다. 그는 나중에 프란체스코 교단의 작곡가로도 활동했다.

1266년 베네벤토 전투 이후 궬피가 피렌체의 실권을 장악하자 라티니는 피렌체로 복귀했다. 궬피의 지도자 그룹에 들어간 그는 더 이상 보복을 일삼지 말고 공동체의 건설을 위해 함께 노력하자고 주장했다. 이탈리아 역사가 조반니 빌라니는 라티니를 정치력을 발휘하여 피렌체를 인도하고 다스리는 방법을 잘 보여준 위대한 철학자로 평가했다. 작가이자 공직자로서 두 입장을 종합하는 그의 모습은 단테에게 이상적 모델이었다. 좋은 스승을 만난 것은 행운이었다.

피렌체의 라우렌치아나도서관에 소장되어 있는 미완성 『보전』에서 라티니는 내세로 여행하는 순례자를 묘사한다. 순례자가 어두운 숲을 지나고 산에 오르는 길에 만난 길잡이로부터 천문학의 근본 원리를 배운다는 내용이다. 처음 설정뿐만 아니라 망명의 상황

단테가 어린 시절에 공부했던 바디아피오렌티나
단테는 집 근처에 있는 이곳에서 하루 일곱 번 울리는 종소리를 들으며 공부했다. 단테는 훗날 「천국」에서 이 종소리를 추억하며 피렌체를 평화와 절제의 도시로 기억했다.

에서 집필했다는 점에서 『신곡』과 매우 비슷하다. 라티니는 늘 단테의 지식욕을 부추겼다. 1287년, 단테가 학문이 융성했던 볼로냐에 머물며 공부한 것은 그 영향으로 보인다.

중용의 길

어린 시절 단테는 산타크로체성당에 있는 프란체스코수도회 학교에 다녔다. 아시시의 프란체스코라는 인물은 단테의 평생에 걸쳐 영향을 주었다. 그는 청빈의 규율과 설교의 실천 위에서 프란체스코 교단을 만들었고, 죽은 지 2년 만인 1228년에 성자의 반열에 올랐다. 바로 그해에 피렌체의 프란체스코 교단 수사들은 산타크로체성당을 지어 그에게 봉헌하기로 결정했다. 그러나 이런 결정 자체는 프란체스코가 표방한 청빈의 이상과 어긋나 보일 수 있었다. 산타크로체성당은 하나의 재산이기 때문이다. 이로 인해 프란체스코 교단은 교회의 공공 목적을 내세우는 쪽과 공공 사유라도 청빈의 이상에 어긋난다는 쪽으로 갈렸다. 교황 그레고리우스 9세는 이 대립을 '최소한의 사용-usus pauper'이라는 개념을 통해 해결한다. 프란체스코는 살았을 때 자신이 성흔을 받았던 베르나수도원의 법적 소유권을 받아들였는데, 그런 식의 제한된 재산권은 행사할 수 있다는 것이다. 사실 그런 물적 토대 위에서 프란체스코는 청빈의 신앙을 전파할 수 있었을 것이다.

산타크로체성당은 피렌체의 많은 성당들 가운데서도 꽤 오래된 곳이다. 피렌체가 낳은 위대한 육신들이 이곳에 누워 있다. 프란체스코수도원이 붙어 있고, 옆으로는 국립도서관이 자리하고 있는데 그 서고가 수도원의 일부를 이룬다. 성당 앞에는 여느 성당 앞이 그러하듯 광장이 있다. 정방형의 광장 주변을 4, 5층짜리 건물들이 에워싸고, 그 가장자리로는 골목길들이 뚫려 이리저리 주변 지역으로 흘러 나간다. 이 모든 것을 눈에 담는 사람은 다름 아닌 단테다. 19세기 리소르지멘토(이탈리아 독립과 통일 운동) 시대의 피렌체인들은 단테의 전신상을 산타크로체성당 바로 옆에 세웠다. 이탈리아를 독립된 근대국가로 세우려는 이탈리아인들은 누구보다 단테를 정신적 길잡이로 삼았다.

고백하건대 피렌체에서 가장 마음에 깊이 와닿은 곳은 바로 산타크로체성당이었다. 성당은 소박하면서 넉넉하고, 섬세하면서 웅장하며, 다정하면서 엄격했다. 2월의 하늘은 우중충하고 바람은 냉랭했으며 오가는 행인들은 옷깃을 올려 세웠다. 나는 이른 아침부터 단테 석상 바로 옆에 있는 카페에 나와 포카차이를 곁들여 카푸치노를 마시며 광장을 내다보고는 했다. 그리고 카페에서 나와 광장을 내려다보는 단테를 올려다보며 주변을 서성거렸다. 단테는 마치 산타크로체성당 내부에 누워 있는 위대한 인물들을 지키는 파수꾼 자세를 하고 있었지만, 그 근엄한 얼굴은 솔직히 외로워 보였다. 나는 아침부터 밤까지 수시로 단테의 발치에 가서 얼굴을 올려다보았다. 얼굴 위로 보이는 하늘이 때마다 변했다. 말갛게, 환하게, 붉게, 어둡게. 단테는 언제나 거기에 있었고, 나도 그 옆에 있고 싶었다. 숙소가 바로 옆 골목에 있었으므로 마음만 먹으면 한밤중이나 새벽

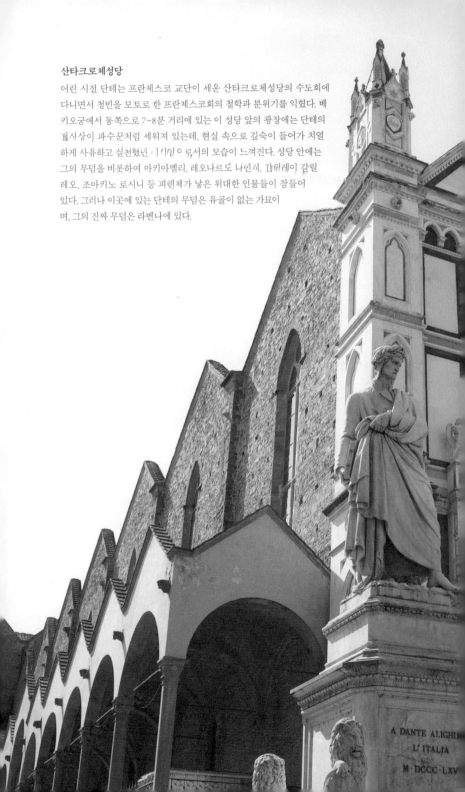

산타크로체성당

어린 시절 단테는 프란체스코 교단이 세운 산타크로체성당의 수도회에
다니면서 청빈을 모토로 한 프란체스코회의 철학과 분위기를 익혔다. 베
키오궁에서 동쪽으로 7~8분 거리에 있는 이 성당 앞의 광장에는 단테의
석상이 파수꾼처럼 세워져 있는데, 현실 속으로 깊숙이 들어가 치열
하게 사유하고 실천했던 시인으로서의 모습이 느껴진다. 성당 안에는
그의 무덤을 비롯하여 마키아벨리, 레오나르도 다빈치, 갈릴레이 갈릴
레오, 조아키노 로시니 등 피렌체가 낳은 위대한 인물들이 잠들어
있다. 그러나 이곳에 있는 단테의 무덤은 유골이 없는 가묘이
며, 그의 진짜 무덤은 라벤나에 있다.

A DANTE ALIGHI
L'ITALI
M·DCCC·LXV

에라도 거기에 있을 수 있었다. 그렇게 한동안 나는 단테 곁에서 황량한 산타크로체광장을 지켰다.

피렌체의 또 다른 명소인 산타마리아노벨라성당은 피렌체역에서 가깝다. 두오모가 위치한 시내 한가운데에서 다소 떨어진 외곽이라는 인상도 든다. 성당 앞의 광장은 넓고 한산하여, 따로 광장이 없어 사람들이 더 꽉 들어차는 느낌이 드는 두오모 앞과는 대조적이다. 성당은 곁에서 보면 그리 커 보이지 않지만, 들어가보면 부속건물까지 합해 꽤나 넓고 복잡하다.

산타마리아노벨라성당은 유독 무덤으로 가득 차 있어 지옥에 들어선 단테가 죽음을 목도하는 광경이 떠오른다. "죽음이 그렇게 수많은 사람들을 쓰러뜨렸다는 것은 / 내 일찍이 믿어보지 못한 일이었다."(「지옥」3곡 56~57행) 중세부터 현대에 이르기까지 피렌체 사람들은 오랫동안 이곳에 시신을 매장하고 기렸다. 무덤은 대리석판을 벽에 세우거나 바닥에 까는 식으로 만들었다. 어린 시절 단테는 공부를 하기 위해 이곳에 자주 들렀다. 무덤들은 그때도 있었을 것이다. 단테는 훗날 「연옥」을 쓰면서 그곳을 떠올렸던 것 같다.

매장된 자들 위로 그들을 기념하기 위해
평평하게 깐 무덤들에는 이전에 그들이
어떠했는지가 새겨져 있으며,

그리하여 오로지 정들었던 사람들만
찔러대는 기억 속의 상처 때문에

산타마리아노벨라성당 내부

단테는 피렌체 동쪽에 있는 산타크로체성당에서는 대중에게 다가가기 쉬운 신학을 펼친 프
란체스코회의 실천을 배웠고, 서쪽에 있는 산타마리아노벨라성당에서는 이론 연구를 중시하
는 도메니코회의 정신을 배웠다. 그는 이 두 곳을 오가며 상반된 신학 전통을 흡수하면서 어
느 한쪽에 치우치지 않는 절제와 조화의 길로 나아갔다.

자꾸만 흐느껴 울게 된다.

산에서 길처럼 튀어나온 이곳에

그렇게 그려진 것이 보였는데,

그 솜씨로 인해 최고의 도로이었다

— 「연옥」 12곡 16~24행

산 사면에 닦은 길 모양의 연옥의 바닥에는 오만의 현장을 보여주는 여러 그림이 굉장히 사실적으로 새겨졌다. 돌을 딛고 선 단테의 발에는 지워지지 않는 새김(음각)의 느낌이 그대로 전해져온다. 수십 년 전의 일이건만, 책상 앞에 앉아 글을 쓰는 중년의 단테에게 소년 시절 발바닥의 촉감이 되살아난다. 더불어 그런 발밑에 놓여 있는 대리석 바닥의 이미지도 선명하게 부활한다. 이때 촉감은 시각을 대신한다. 단테가 연옥 입구에서 들어설 때 천사가 나타나 칼끝으로 이마에 죄의 표지 P(이탈리아어로 죄를 뜻하는 'peccato'의 첫 글자)를 새긴다. 눈이 아니라 피부로 감지하는 죄. 죄는 피부에 물질적인 흔적으로 새겨지고, 연옥을 오를수록 그 흔적은 점점 사라진다. 그 모든 과정을 단테는 촉감으로 느낀다.

봉분이나 묘비를 세우는 대신 바닥에 평평하게 돌을 깔고 그 위에 비문과 망자의 생전 모습을 새기는 매장 방식은 중세에 흔했다. 돌은 매장된 자 위에 놓이지만, 산 자의 발아래 있기도 하다. 그것은 죽은 자와 산 자 사이에 설치된 격벽과도 같지만 좌우 대신에 상하를 구분한다. 그래서 망자를 보기 위해 우리는 고개를 숙이고 아래를 내려다보아야 한다. 망자와 정이 들었던 사람이라면 기억 속의 상처로 인해 눈물을 떨어뜨릴 것이다. 그 눈물은 대리석에 새겨진 망자의 모습과 글자를 적시고 그의 영혼을 어루만진다. 이제 돌은 망자와 산 자를 분리하지 않고 오히려 이어주는 매개로 변신한다. 이 과정에서 돌에 새겨진 이미지가 망자와의 생전 기억을 얼마나 생생하게 일깨우느냐 하는 것이 중요하다.

단테가 연옥의 돌바닥에서 본 이미지는 대단히 솜씨 좋게 새겨져 있다. 과거에 대한 기억을 상처처럼 어루만지며 흐느껴 울게 만들 정도다. 거기에서 산타마리아노벨라성당에서 본 무덤을 떠올렸다면, 무덤에 새겨진 이미지의 사실성보다도 어릴 때 받은 인상이 워낙 강렬했기 때문일 것이다.

망명지에서 쓴 『향연』에서 단테는 이 두 성당을 철학 공부의 터전으로 회고한다. "나는 철학이 모습을 드러내는 곳, 종교인들의 학교와 철학자들의 토론에 드나들기 시작했다."(『향연』 2권 12장 7행) 그는 산타크로체성당을 드나들면서 프란체스코수도회의 교리와 분위기에 젖어들었고, 아우구스티누스와 보나벤투라의 신비주의 사상을 공부했다. 산타마리아노벨라성당에서는 도메니코수도회의 교리와 분위기를 익혔고, 토마스 아퀴나스의 『신학대전』을 읽었다.

산타크로체성당과 산타마리아노벨라성당은 마치 각자 유별난 신학적 성격을 대변하는 듯 시내를 중심으로 대각선 끝에 위치한다. 산타크로체성당을 받치는 프란체스코파는 대중에게 다가서는 쉬운 신학을, 산타마리아노벨라성당을 곁에 둔 도메니코파는 이론 연구에 치중하는 엄정한 신학을 펼쳤다. 그 두 곳을 오가며 교육을 받은 단테는 탄탄한 철학적 토대 위에서 대중 속으로 들어가는 실천을 몸에 익혔다. 어느 한쪽에 치우치지 않는 절제와 조화의 경지는 단테의 삶을 받치는 가장 근본적인 힘이자 궁극의 목표였다. 그의 글에 비치는 기독교는 전혀 교조적이지 않으며, 철학적인 이해와 논구를 통해 초월자로 이르는 길을 찾고자 하는 속세 지식인의 노력과 어우러진다. 그뿐만 아니라 인간과 초월자의 관계에 신비주의적 자세로 접근하는 유연한 모습도 보여준다.

계곡에는 수많은 반딧불들이 떠다니고

단테의 집안은 피렌체에서 동북쪽으로 20킬로미터 남짓 떨어진 파뇰레에 집안의 농지와 별장을 가지고 있었다. 베아트리체 집안의 별장도 멀지 않다. 어린 시절 많은 시간을 그곳에서 보냈으니 둘은 여러 번 마주쳤을 것이다. 일요일이면 두 집의 중간쯤에 자리한 조그마한 산미니아토성당(피렌체에 있는 것과 이름이 같다)에도 함께 갔을 것이다.

나중에 망명자 단테는 피렌체에서 이곳을 거쳐 카센티노 산림 지대로 향하게 된다. 어릴 때나 망명할 때나 변함없이 자라고 있었을 올리브나무와 포도나무는 지금도 그 벌판을 무성하게 채우고 있다. 눈앞에 펼쳐진 구릉은 어느 때나 그대로인 듯하다. 자연은 인간보다 훨씬 느리게 변한다.

피렌체에서 피에솔레를 거쳐 파뇰레로 가는 길은 계속해서 완만한 오르막이다. 산이라기보다는 구릉을 연이어 지나친다. 한적한

파뇰레에 있는 단테 집안의 별장

단테는 집안의 별장과 농지가 있었던 파뇰레에서 어린 시절 많은 시간을 보냈다. 멀지 않은 곳에는 베아트리체 집안의 별장도 있었다. 지나칠 만큼 조용한 시골 마을인 이곳에서 그가 본 농부와 아름다운 반딧불은『신곡』에서 지옥의 끔찍한 불꽃으로 연결된다.

시골길 어느 구비에 자리한 파뇰레의 산미니아토성당 앞에 차를 세우고 단테가 어린 시절을 보낸 집을 찾아 나선다. 워낙 시골이기도 하고 마침 일요일이라서 그런지 오가는 사람이 없다. 겨우 마주친 사람에게 물어 찾아간 민대의 벽장이 멀리 내다보인다. 탑이라고 하기에는 아담한 구조물이 그나마 단테 시절의 분위기를 보여주는 듯하다. 여름 낮을 가득 채우는 매미 울음도 없이, 진한 침묵과 단조로운 햇빛만이 감돈다. 자갈이 발에 채이며 먼지가 풀썩 일어난다. 바람에 수풀이 내는 소리만 간간이 들려온다. 단테가 『신곡』에서 보여준 농부와 반딧불의 비유는 파뇰레에 대한 어린 시절 기억에서 나왔을 것이다.

온 세상을 비추는 자가 자기 얼굴을
우리에게 덜 가리고 있는 계절,
파리가 모기에게 밀려나는 시각에,

언덕에서 쉬고 있는 농부의 눈에는
아마 경작하고 수확하던 저 밑 계곡에서
얼마나 많은 반딧불들이 보이는가.

그처럼 많은 불꽃이 여덟 번째 구렁을
비추고 있었으니, 바닥처럼 보인 곳에
이르자마자 그것을 알았다.

　　　　　　　—「지옥」 26곡 25~33행

단테는 농부의 눈에서 나온 퍽 서정적인 비유를 제공한다. 현세의 그 아름다운 반딧불은 지옥의 끔찍한 불꽃과 연결되어 선명한 대비를 이룬다. 아쉽게도 밤에 그곳에 가보지는 못해 그가 본 반딧불을 나는 상상만 해본다. 지나칠 만큼 조용한 벌판에 서서 나는 경험과 상상의 관계를 생각해본다.

단테는 그가 가서 본 곳과 그러지 못한 곳을 구분한다. 실제로 그가 본 곳은 현실이고 보지 못한 곳은 내세다. 본 곳은 기억에 자리하고 보지 못한 곳은 상상에 자리한다. 그는 지옥에 가본 적이 없으며 다만 상상으로 떠올렸다. 그런데 지옥에 대한 상상을 받쳐주는 것은 그가 본 현세에 대한 기억이다. 그는 가본 곳을 기억에 떠올리면서 가보지 못한 곳을 상상하고, 나는 그런 단테의 기억을 확인한다. 글을 쓰며 단테는 상상과 기억 사이를 오가고, 나는 지금 그의 상상에 들어 있는 기억의 흔적을 돌아본다. 따라서 반딧불들을 보던 그에 대한 나의 상상은 사실은 그의 기억의 흔적을 더듬는 일이다.

내세 여행기 『신곡』을 채우는 것은 본 곳에 대한 기억과 보지 못한 곳에 대한 상상이며, 또 그 둘을 왕복하는 단테의 펜촉이다. 단테는 거짓말을 하지 않고 허세를 부리지도 않으며 강요하지도 않는다. 본 것을 보았다고 말할 뿐이다. 그런 면에서 그의 내세는 상상보다는 비유로 이루어진다고 해야 한다. 발명으로서의 상상보다는 다시 말하기(또는 재현)로서의 비유. 전자는 없는 것을 있게 하는 반면, 후자는 있는 것을 다시 (다른 방식으로) 있게 한다는 차이가 있다. 우리가 『신곡』에서 읽는 상상의 내세는 단테가 직접 본 현실의 비유이자 재구성이다.

02

새로운 삶

사랑과 구원의 인사

 피렌체에서 좋은 교육을 받으며 성장한 단테는 대단히 풍부한 영감과 섬세한 언어 감각을 갖추게 되었다. 평생 사랑하게 될 한 여자와 구원의 열정을 깊이 간직했고, 문학 언어를 벼리며 남다른 비전과 내면을 성공적으로 표현해냈다. 청년 단테는 뮤즈와 같은 존재인 베아트리체가 마음속에 자리하여 불러주는 대로 받아썼다. 열정은 뜨거웠고 문학은 새로웠다.

 폰테베키오가 워낙 유명한 바람에 단테와 베아트리체가 만난 곳으로 착각하는 경우가 많다. 둘이 만난 곳은 폰테베키오 바로 아래에 있는 폰테산타트리니타였다. 큰 특징이 없어 관광객의 시선을 잘 끌지 못한다. 하지만 단테와 베아트리체의 운명적 만남을 느껴보고 싶은 사람이라면 꼭 들러보아야 할 곳이다. 나는 그 다리 어귀에서 그들이 만나는 장면을 떠올려본다. 단테는 『새로운 삶』에서 그 장면을 이렇게 묘사한다.

많은 날들이 지난 후에, 앞에서 이 지극히 친절한 숙녀로 묘사한 현현에 뒤이어 정확히 9년이 흘러 그 막바지에 이를 즈음에, 이 경이로운 여자는 희디흰 색깔의 옷을 입고 그녀보다 연상의 두 우아한 여자들 사이에서 모습을 드러냈다. 길을 가다가 그녀는 내가 두려움에 떨고 있던 그곳으로 눈길을 돌렸고, 오늘 영원한 삶으로 보상받을, 이루 말할 수 없을 정도의 깍듯한 예의를 갖추어 내게 고결하게 인사를 했다. 그만큼 나는 지복의 모든 모습을 구석구석 보는 듯했다.

─『새로운 삶』3장

단테는 『새로운 삶』에서 이전에 어떤 여자에 대해서도 쓰인 적 없는 이야기를 베아트리체에 대해 썼다고 말한다(『새로운 삶』43장). 여기서 그가 베아트리체를 여러 번 "경이로운 여자"라 부른 이유를 알 수 있다. 베아트리체는 새롭다. 앞에 서면 놀랍다 못해 신비롭고 불가사의하게 느껴지는 대상이다. 흰옷을 입은 베아트리체의 모습이 그러하고, 인사의 의미가 그러하며, 단테가 받은 영향이 그러하다. 단테는 그녀 앞에서 경외만 느낄 뿐 어쩔 줄 모른다. 그런 그에게 베아트리체는 다소곳이 머리를 숙여 인사한다. 그녀는 사랑으로 구원을 행하는 존재다('beatrice'는 축복을 주는 여자라는 뜻이다). 사랑과 구원의 인사에서 단테는 세계문학사에서 최고의 애정시를 쓰는 영감을 얻는다. 이 사랑은 인간을 도덕적 구원의 길로 이끄는 힘뿐만 아니라 속세적 의미의 연애 감정도 포괄한다.

베아트리체의 인사를 받고 난 즉시 단테는 자기 방으로 돌아가 그녀를 생각하다 잠들고 꿈을 꾼다. 이를 두고 19세기 스위스의 역사가 야코프 부르크하르트는 인간의 정신과 영혼이 자신의 내밀한 삶을 깨닫기 위한 발걸음을 힘차게 내디뎠다고 평가한다. 꿈속에서 사랑의 신이 나타나 단테의 심장을 베아트리체에게 먹이고 함께 하늘로 오른다. 이로써 단테는 베아트리체를 매개로 자신의 몸과 영혼을 구원의 상승 궤도에 올렸다. 잠에서 깬 그는 꿈을 생각하며 시를 짓는다.

> 사랑은 갑자기 내게 나타났는데,
> 그 존재를 기억만 해도 온몸이 떨려오네.
> 내게 기쁨은 내 마음을 제 손에 쥐고 있는
> 사랑과도 같았고, 그 팔에는
> 나의 숙녀가 옷 한 벌에 싸여 잠들어 있었네.
> 사랑이 그녀를 깨우자, 이 마음은 사랑이 겸손하게 키워온
> 겁먹은 그녀를 향해 불타오르는데,
> 이내 나는 사랑이 울면서 가버리는 것을 보았네.
> ─『새로운 삶』 3장

베아트리체를 향한 "마음"은 청신체파의 중심 주제인 사랑과 직결된다. 사랑은 심장이고, 심장이 박동하며 내쉬는 호흡이며, 호흡과 함께 유지되는 생명이고, 생명과 더불어 추구하는 구원의 표상이다. 단테는 『새로운 삶』 말미에서 베아트리체에 관한 본격적인 문학을 펼치겠다고 다짐하는데, 이는 훗날 망명 내내 『신곡』 집필

단테와 베아트리체가 만난 폰테산타트리니타
단테는 베아트리체를 생각하면서 쓴 『새로운 삶』에서 아홉 살과 열여덟 살에 딱 두 번 그녀를 만났다고 말한다. 첫 번째 만남은 그녀의 아버지 폴코 포르티나리가 주최한 연회에 초대받아서 갔을 때이고, 두 번째 만남이 바로 이 다리 어귀에서 이루어졌다. 베아트리체의 경이롭고 고결한 모습을 본 단테는 "지복의 모든 모습을 구석구석 보는 듯했다"라고 썼다.

로 실현된다. "저 축복받은 베아트리체의 영광을 바라보러 떠날 수 있기를 바라노라."(『새로운 삶』 42장)

베아트리체의 죽음

부유한 은행가였던 베아트리체의 아버지 폴코 포르티나리는 딸과 아들을 각각 다섯씩 두었다. 그의 저택은 코르소 4번가에 있다. 단테의 생가와 산타마르게리타성당이 위치한 골목에서 나오면 바로 마주치는 건물이다. 1274년 5월 1일, 이곳에서 포르티나리는 연회를 열었고, 초대받은 아버지를 따라 아홉 살의 단테도 참석했다. 거기서 베아트리체를 보고 마음 깊은 곳에 새겨진 흔적은 일생 동안 지워지지 않았다.

둘은 같은 동네에 살았으니 자주 마주쳤을 테고, 단테가 일부러 찾기도 했을 것이다. 단테는 아홉 살과 열여덟 살 때 오직 두 번 베아트리체를 만났다고 썼는데, 그것은 숫자와 관련한 신비화의 효과로 보인다. 단테는 늘 숫자 3의 상징성을 의식했다. 그는 베아트리체와의 세 번째 만남이 내세의 연옥에서 이루어진 것으로 묘사한다.

베아트리체는 가문끼리 정혼한 상대인 시모네 데바르디와 결혼했다. 바르디 가문은 피렌체 경제를 받치는 양모업과 금융업에서 잔뼈가 굵은 집안이었고, 나중에는 코시모 데메디치와 사돈을 맺기도 했다. 바르디 가문의 대저택들은 아르노 강변을 따라 줄지어 서 있었다. 베아트리체가 거처를 옮기면서 단테가 그녀를 볼 기회도

줄어들었다.

　단테 생가와 베아트리체 생가 중간에는 산타마르게리타성당이 있다. '단테의 성당'이라 불리기도 한다. 성과 속의 차원에서 단테는 이 성당과 깊은 인연을 맺었다. 단테의 거룩한 연인 베아트리체는 어려서부터 이곳에서 어머니와 함께 예배를 보았고, 바르디와 결혼식을 올렸으며, 영원한 잠을 자고 있다. 그런 그곳에서 단테는 1285년 젬마 도나티와 결혼식을 올렸고 평범한 가족을 이루었다.

　잘 주의하지 않으면 성당을 지나치기 쉽다. 건물 사이에 눈에 띄지 않게 숨어 있기도 하고, 문을 여는 시간도 상당히 짧다. 마음먹지 않으면 들러보기 쉽지 않은 곳이다. 하기야 어렵게 들른다 해도 볼 것이 없어 실망하기 십상이다. 규모가 매우 간소한 데다 유일하게 볼만한 것인 베아트리체의 무덤은 초라할 지경이다. 맞은편 베아트리체의 유모 무덤이 오히려 그럴듯해 보인다.

　하지만 나는 이곳이 마음에 든다. 더 발길을 옮길 여지도 없는 좁은 실내 공간에 베아트리체와 단둘이 호젓하게 있는 기분이다. 누군가 성당 문으로 들어오면 방해받는 느낌까지 든다. 아버지는 시집간 지 3년 만에 죽은 어린 딸을 이곳에 묻었다. 그리고 아내와 함께 목숨이 다하는 날까지 얼마나 자주 들렀을까? 그들은 아마도 다른 누구도 들이지 않은 채 추억이 서린 이곳에서 오직 베아트리체만 만나고 싶었으리라. 단테 역시 그런 마음으로 이곳을 찾았을 것이다. 단테는 자기가 태어난 곳에서 불과 두어 걸음 거리에 연인이 묻혀 있는 현실을 어떻게 받아들였을까?

　베아트리체는 1290년 6월 9일, 스물넷의 나이로 세상을 떠났다.

'단테의 성당'이라고도 불리는 산타마르게리타성당

단테의 생가와 베아트리체의 생가 중간에 있는 산타마르게리타성당은 단테와 인연이 깊은 곳이다. 베아트리체가 결혼을 올린 곳이자 영원히 잠들어 있는 곳인 한편, 단테가 젬마 도나티와 결혼식을 올린 곳이다. 주의하지 않으면 그냥 지나치기 십상일 만큼 작고 단아한 분위기를 가진 이 성당은 소박한 석관 아래 조용히 누워 있는 베아트리체의 영혼과 호젓하게 만나기에 알맞아 보인다.

베아트리체가 죽을 즈음 단테는 몸이 아팠다. 9일 동안 무기력 상태가 이어졌다. 9일째 되던 날 참기 힘든 고통 속에서 그녀가 떠올랐는데, 쇠약해진 몸에 삶이라는 것이 참으로 짧고 덧없다는 생각에 눈물을 흘렸다. 이때 이미 그녀의 죽음을 예감하고 있었다. "언젠가, 피할 수 없게, 그대 그토록 우아한 베아트리체도 죽고 말겠지." 눈을 감고 환상에 사로잡히는데, 그 속에서 옷차림이 흐트러진 여자들이 "너도 죽으리라, 넌 죽었다"라고 말하는 것이었다. 이루 말할 수 없는 불안에 사로잡혀 어느 모르는 곳에 이르렀는데, 울면서 몸을 가누지 못하는 다른 여자들이 보였다. 이윽고 단테 앞에 태양이 어두워지고 별빛이 변하며 공중을 날던 새가 죽어 떨어지고 땅이 격렬하게 흔들리는 광경이 펼쳐졌다. 그때 한 친구가 다가와 말하기를 "모르는가? 그대의 훌륭한 여인이 이 세상을 떠났네." 단테는 너무나 슬퍼서 울기 시작했는데, 감은 눈에서 어느새 눈물이 흘러내렸다(『새로운 삶』 23장).

베아트리체가 죽고 나서 1년이 지났을 때 단테는 밝은 코발트색의 아르노강이 내려다보이는 창문에 앉아 천사를 그렸다. 천사가 베아트리체 곁으로 이끌어주기를 바랐으리라. 청신체파 동료들이 위로하러 찾아왔으나, 단테의 눈길은 그들을 지나쳐 어디론가 향하고만 있다. "지금 다른 사람과 함께 있었고, 그래서 생각에 빠져 있었소." 속세의 인연을 맺는 대신에 그는 세상에 없는 그녀에게 나아가고 있다. 하지만 라파엘전파 화가 단테이 게이브리얼 로세티의 그림에서 보듯 속세의 인연은 사슬처럼 연결되고, 초월적 사랑은 그 연장 위에 서 있다.

지성으로 추구하는 사랑

베아트리체는 단테에게 초월적 사랑의 표상에 그치지 않는다. 단테는 충동에 휩싸이다가도 이내 몸세를 다잡하는 평범한 인간이었다. 종교뿐만 아니라 세속의 차원에서 사랑의 실현을 추구했다. 그의 사랑은 하나의 대상에서 다른 대상으로 옮겨 가기도 하고 여러 색깔로 나타나기도 했다. 어린 시절 가슴에 들어와 평생 떠나지 않은 베아트리체는 자기모순적이고 규정하기 힘든 단테의 사랑을 마음껏 펼치는 너른 마당이었다. 그녀는 단테의 사랑을 더욱 포용적으로 만드는 매체였다.

단테의 사랑과 베아트리체를 이해하기 위해서는 젬마의 존재를 생각해야 한다. 1285년 단테는 이웃에 살던 마네토 도나티의 딸 젬마와 산타마르게리타성당에서 결혼식을 올렸다. 둘은 이미 1277년 2월 9일에 가문끼리 정혼한 상태였다. 젬마의 집안은 상당히 부유했고 소유한 부동산도 많았다. 아버지는 딸을 위해 당시 관례보다 두 배 이상의 지참금을 준비했다. 금융업에 종사한 단테의 아버지는 아마 그런 면을 고려했을 것이다. 1288년, 단테와 젬마 사이에서 장남 조반니가 출생했고, 이어서 피에트로, 야코포, 안토니아 이렇게 세 명의 자식을 더 두었다.

그러나 젬마와 결혼하고 자식들을 두던 이 당시는 단테가 한창 베아트리체에 대한 연모에 사로잡혀 있던 때이기도 했다. 어떻게 보면 가문끼리의 정혼에 사랑이 희생된 것이라 볼 수도 있다. 단테가 젬마에 대해 어떻게 생각했는지는 알 수 없다. 단 두 번 만났다는 베아트리체는 『새로운 삶』이나 『신곡』을 가득 채운 반면, 평생을 함께한 아내 젬마에 대한 이야기는 단테의 글 어디에서도 찾아볼 수 없다. 젬마는 자신에 대해 그렇게 무관심하고 글을 쓰는 데만 열중하는 단테를 어떻게 참아냈을까? 피렌체에서 추방된 뒤에도 부부가 함께 지냈는지는 알려지지 않는다. 젬마의 충직함으로 보아 함께 지냈을 가능성이 있다. 하지만 보카치오는 단테가 아내를 곁에 두려 하지 않았다고 말해준다. 또한 젊었을 때뿐만 아니라 중년의 단테가 벌인 분방한 연애를 폭로한다. 『데카메론』에 나타나듯 보카치오 자신이 연애에 솔직한 사람이라 그렇게 비쳤는지도 모른다.

단테에게 베아트리체가 은총의 매개라면 젬마는 이성의 표지였다. 베아트리체의 죽음과 함께 그에게 찾아온 사랑은 『향연』에서 드러나듯 젬마의 알레고리인 철학이었다. 변함없이 단테의 마음을 채우는 성스러운 베아트리체 옆에 비루한 삶의 그림자가 깃든 세속의 젬마가 자리 잡았다. 둘의 결합으로 단테의 사랑은 이전보다 더욱 깊어지고 오묘해졌다. 베아트리체만 있었을 때 단테의 사랑은 종교적 차원에 머물렀지만, 이제 젬마와 함께 그 사랑은 실존적이고 인간적인 차원까지 펼쳐지게 되었다. 베아트리체는 젬마를 무화하지 않았고, 젬마는 베아트리체를 대체하지 않았다. 둘은 확장의 관계에 있다. 단테는 베아트리체를 생각하며 『새로운 삶』을 썼고, 젬마의 차원에서 철학서 『향연』을 썼다. 하지만 베아트리체는 '이미' 젬마를 품고 있었다. 그 모든 것을 작동시키는 사랑은 처음부터 베아트리체와 함께 출발했기 때문이다. 젬마의 존재는 그 사랑의 심화이며 확장이다.

〈성스러운 베아트리체〉(1870)

19세기 영국 빅토리아시대의 미술 사조인 라파엘전파를 대표하는 단테이 게이브리얼 로세티
가 단테의 『새로운 삶』에 등장하는 베아트리체의 죽음을 묘사한 것이다. 몽환적인 분위기, 지
그시 감은 눈, 성령의 상징인 붉은 비둘기가 물어다 주는 하얀 양귀비, 머리 주변으로 희미하
게 보이는 피렌체의 모습, 길게 드리운 해시계의 그림자 등을 통해 죽음을 맞이한 베아트리체
의 모습을 상징적으로 표현했다.

단테는 신성한 사랑과 세속적 사랑의 잘못된 구분을 폐기한다. 사랑의 본질이 무엇인지 알고 있으며, 사랑을 느끼는 경험은 사랑을 아는 지성으로 이어진다. 사랑에 관해 단테는 해답을 주지 않는다. 다만 자신도 대답하지 못하고 모호하게 둘 수밖에 없는 개별 상황을 제시한다. 라벤나 영주의 딸 프란체스카가 저지른 불륜의 사랑 앞에서 정신을 잃고(「지옥」 5곡), 순수한 사랑을 지키지 못한 자신을 나무라는 베아트리체 앞에서 부끄러워 고개를 들지 못한다(「연옥」 31곡). 흔하게 알려진 '숭고한 사랑의 시인 단테'라는 구절은 피상적이거나 왜곡된 정보를 담고 있다. 단테의 사랑은 스펙트럼이 넓어 어느 하나로 규정하기 어렵고, 그만큼 선명하지도 않다. 그가 줄곧 어느 한 지점으로 나아가는 가운데 사랑을 추구한 것은 사실이지만, 모호하기 때문에 궁극의 지점은 항상 미완으로 남게 된다. 우리는 미완의 여정을 단테와 함께 걸으며 사랑에 대한 끝나지 않는 물음을 던져야 한다. 그것이 사랑을 지성으로 추구한다는 말의 의미다.

단테가 연옥에 도착했을 때 만난 카셀라는 노래를 불러준다.

"마음속에서 나에게 속삭이는 사랑"
그때 그가 그리도 부드럽게 시작했는데,
그 부드러움은 아직 내 안에서 울린다.
— 「연옥」 2곡 112~114행

「연옥」을 쓰며 단테는 "마음속에서 나에게 속삭이는 사랑"이라는 구절을 『향연』에서 가져왔다. 거기서 언급한 사랑은 철학의 여인을 향한 것이다. 단테는 사랑을 지성으로 이해하고 따르는 가운데 연옥을 오른다. 그는 순례를 끝낸 지금 이 글을 쓰면서도 그때 들은 사랑의 부드러움이 가슴을 적시는 것을 느낀다. 그를 위로하는 것은 철학적 사고와 탐구다. 하지만 그의 사랑은 또한 은총과 함께 나아간다. 연옥 순례를 마치고 그 꼭대기의 지상낙원에서 만나는 베아트리체는 그가 사랑을 지성과 은총, 속과 성의 결합으로 추구한 결과다. 베아트리체의 사랑은 성속의 결합 한가운데 서 있다.

청신체와 '고귀한 속어'

사랑이 처음 단테에게 스며든 것은 청년 시절이었다. 귀도 카발칸티와 베아트리체 포르티나리, 두 사람과의 인연이 크게 작용했다. 전자는 지성의 계기를, 후자는 감성의 계기를 주었다. 단테는 그 둘을 결합하여 이전과는 다른 새로운 문학을 만들어냈다. 그리고 그것이야말로 새로운 시대의 중심이라고 생각했다. 단테는 그 문학을 청신체淸新體, dolce stil novo라 불렀다. 그는 『신곡』에서 청신체 시의 특징을 이렇게 정의했다.

> 사랑이 내게 입김을 불어줄 때
>
> 마음을 모으고 사랑이 속으로 속삭이는 대로
>
> 나는 읊조리면서 가는 사람이라오.
>
> —「연옥」24곡 52~54행

청신체는 글자 그대로 '맑고 새로운 문체'라는 뜻이다. '돌체dolce'의 뜻은 달콤함과 부드러움이지만, '맑다'는 뜻의 '청'으로 옮긴 것은 무난하다. '돌체'의 함의는 깊고도 넓지만, 사랑의 태도로 요약할 수 있다. 가슴속에 들어온 사랑은 부드럽고 달콤한 말을 속삭인다. 마음을 모아 그 말을 받아쓰면 그것이 곧 시가 된다. 이것이 청신체 시인의 시작詩作 방법이다. 그러므로 사랑을 내면에 들이는 일이 출발이고, 마음을 모으는 일이 다음이며, 받아 말하고 쓰는 일이 최종이다. 마음을 모으고 받아써야 할 사랑. 그런 사랑을 주는 주체는 여자다. 이때 여자는 피와 살을 지닌 인간이기보다는 정령으로서의 천사를 가리킨다. 천사가 내면에 사랑을 불어넣어주면 그것이 심장을 거쳐 호흡으로 다시 나온다. 시의 속삭임은 그 호흡과 어우러져 이루어진다.

청신체는 대단히 철학적인 기반 위에 서 있는 시의 형식이자 내용이다. 단테는 망명 시절에 쓴 철학서 『향연』에서 '마음'의 개념을 정리했다. 보에티우스가 『철학의 위안』에서 하느님이 우리 마음에 철학을 넣어주신다 믿듯, 단테는 하느님이 우리 마음에 사랑을 넣어준다고 생각했다. 그에게 마음이란 신성의 일부가 되는 영혼의 가장 고귀하고 섬세한 부분이다. 그가 "내 마음속의 여인"이라고 말할 때 그는 영혼의 핵심에서 속삭이는 존재를 지긋이 바라보며 마주 선다. 그 바라보는 자세가 바로 '맑음'이 가리키는 부드러움과 달콤함, 친절함을 의미한다. 이를 단테는 하느님께서 바르게 준비된 영혼 속에 심어놓은 행복의 씨앗(『향연』 4권 20장 9행)으로 정의한다.

인간의 마음은 완전하고 고결한 대상에 대한 고유의 사랑으로 채

워진다. 그러기 위해서 마음은 지성을 필수로 지녀야 한다. 아리스
토텔레스는 『영혼론』에서 지성은 그 내부에 사유의 대상을 지닌다
고 말한다. 단테가 말하는 지성은 바로 그런 의미다. 자기 성찰의 힘
과 작용을 뜻한다. 시인은 지성을 발휘하여 마음이 들려주는 말에
귀를 기울이고 느껴야 한다. 단어에 주목하고 소리의 달콤함을 음
미해야 한다(『향연』 3권 3장 15행). 지성은 알려주고 감성은 체험하게
해주며, 그런 가운데 시적 언어가 나온다.

그렇게 마음에서 나와 언어로 드러나는 시는 새로운 내용과 형식
을 지닌다. 새로운 내용이란 지금까지 말한 지성의 영혼을, 새로운
형식이란 '고귀한 속어volgare illustre'를 가리킨다. 단테는 중앙의 보편
언어였던 라틴어가 아니라, 지역의 특수 언어였던 이탈리아어로 창
작했다. 학술서와 편지는 라틴어로 썼지만, 내면 표현에 집중하는
창작에서는 이탈리아어를 선택했다. 라틴어는 책을 통해 배우는 문
법적 언어인 반면, 이탈리아어는 어머니의 음성이 그대로 젖어들어
본능처럼 새겨진 언어였다.

문예를 장려했던 시칠리아의 페데리코 2세(재위 1220~1250)의 궁
정에서 이미 시칠리아 속어로 창작하는 시인들이 활동했지만, 그가
사망한 이후 속어 창작의 흐름은 이탈리아 반도로 북상했다. 13세
기 후반 단테 시대에 이르면 움브리아에 이어 피렌체 중심의 토스
카나 지역이 그 흐름을 이어받아 이른바 '이탈리아' 언어와 문학의
정체성을 세우기에 이르렀다. 그 한가운데 단테가 있었다.

단테는 청신체를 구사하는 시인들을 이끌며 이탈리아 속어를 문
학 언어로 세련하고, 웅숭깊은 사랑의 주제를 담아냈다. 그 사랑은

〈이탈리아의 인문주의자들〉(1554)

르네상스 시대의 화가인 조르조 바사리가 13~14세기에 활동한 토스카나 출신의 대표적인 여섯 명의 시인과 철학자 들을 그린 것이다. 의자에 앉아 있는 단테 오른쪽으로 그와 청신체파를 주도했던 귀도 카발칸티가 보인다. 청신체파는 신과 인간을 연결하는 힘으로서의 '사랑'이라는 주제를 중앙의 라틴어 대신 토스카나어로 담아내려 했다. 한편 단테 왼쪽으로는 크리스토포로 란디노, 마르실리오 피치노, 프란체스코 페트라르카, 조반니 보카치오가 서 있다.

시칠리아 궁정 시인들이 읊었던 군신 관계도 아니고 프로방스 음유시인들이 묘사한 인간의 애정도 아니었다. 거기에는 인간과 신의 관계라는 엄청난 주제가 들어 있었다. 청신체파 시인들은 그 전까지 귀토네 다레초가 주도하던 애정시의 흐름을 단숨에 바꾸어놓았다. 귀토네의 시는 수사적 장식에 치우친 반면, 청신체파의 시는 단순 명료한 묘사에 철학과 의학 같은 학문 요소를 결합하여 깊이를 더했다.

청신체파가 추구한 새로움은 과거와의 완전한 절연을 의미하지 않는다. 단테가 라틴어 대신 이탈리아어를 선택했다고는 하지만, 라틴어는 지식과 정보의 원천이었다. 그는 라틴어로 쓰인 고대와 중세의 서적들을 통해 지식을 쌓고 상상의 힘을 키웠다. 그에게 이탈리아어로 창작하는 것은 사실상 라틴어의 번역이라 할 수도 있다. 적어도 지식과 상상의 측면에서 그의 내면은 라틴어로 형성되어 있었던 것이다.

그러나 '번역'은 단순하게 옮기는 일 이상이었다. 이른바 '속어화'는 라틴어가 거느리는 지식과 상상과 표현을 속어의 차원에서 재구성하는 일을 뜻했다. 그 재구성과 함께 이탈리아의 문화적 정체성이 처음으로 등장했다. 이런 면에서 19세기 낭만주의, 민족주의, 리소르지멘토의 드센 물결 속에서 단테가 집중적으로 조명된 것은 우연이 아니다.

철학자 시인

베아트리체가 죽고 난 뒤 단테가 만난 "고귀한 여인"은 철학을 상징한다. 프란체스코가 단테를 사람들과 함께하며 공감을 나누는 감성의 시인으로 이끌었다면, 아퀴나스는 단테를 사람들을 계도하는 지성의 철학자로 키웠다(프란체스코에 대해서는 아시시를 찾아갈 때 더 이야기해보자).

철학자로서 단테는 아퀴나스의 스콜라 철학을 따랐다. 이 철학은 더 거슬러 올라가면 아리스토텔레스와 맥이 닿아 있다. 기독교는 로마 시대와 중세에 걸쳐 플라톤 철학의 기반 위에 서 있었다. 그 전통을 대표하는 신학자가 바로 아우구스티누스다. 그런데 십자군 전쟁을 거치면서 아랍 문명권에서 아베로에스로 대표되는 철학자 그룹이 보존하고 발전시켜온 아리스토텔레스 철학이 유입되기 시작했다.

아리스토텔레스 철학은 단테의 지적 토대를 이룬다. 단테는 『신곡』에서 그를 이교도로 간주하여 지옥의 림보에 배치했지만, 계속해서 "스승"으로 부르며 인간을 정치적 동물로 보는 견해를 채택하고 내세에 대한 윤리적 접근을 정당화했다. 아리스토텔레스는 하느님을 향한 단테의 사랑에 철학적 논지를 지원했다(「천국」 26곡 25~48행).

아리스토텔레스의 유명한 '형상-질료' 이론에 따르면, 우리 눈앞의 사물을 존재하게 하는 것은 형상이다. 단테는 그 형상을 가능한 한 걷어내는 대신 질료의 가능태를 더 들여다보려 했다. 예를 들어 "어두운 숲"이라 쓰면서 그 숲에 대한 우리의 기존 관념이나 도덕적 의미(형상) 이전에 그 숲을 이루는 질료로 눈을 돌리고자 했다. 즉 사물이 기존 관념이나 도덕적 의미와 다른 무엇일 수 있는 가능성을 한껏 높이고자 한 것이다. 이를 위해 현실태적 요소를 가능한 한 줄이고 가능태적 요소를 늘이는 식으로 사물에 접근했다.

아퀴나스는 이슬람 세계에서 쏟아져 들어오는 아리스토텔레스의 새로운 철학을 적극적으로 받아들여 신앙과 융합하고자 한 선구적 지식인이었다. 그는 모든 인지 행위가 형상과 질료에 관계한다면, 하느님을 향한 신앙은 그 인지 행위의 기본 토대를 이룬다고 보면서 철학과 신앙의 종합을 이루어냈다.

단테의 『신곡』은 아퀴나스의 철학적 성취를 문학적으로 이룬 것으로 보아도 좋다. 아퀴나스가 기독교에 던진 이성이라는 새로운 화두는 단테의 기본 지침이 되었다. 또한 시종일관 질문을 던지는 지적 태도도 물려받았다. 「천국」에서 단테는 아퀴나스를 올바른 길을 따라가며 살을 찌우는 양으로 묘사했다(「천국」 10곡 94~96행). 하지만 단테는 아퀴나스에게서 배우는 동시에 그로부터 일정한 거리를 유지했고, 다른 지적 흐름을 참조하면서 자신의 철학을 형성해 갔다. 그는 신플라톤주의 철학을 참조했고, 키케로의 『우정론』이나 보에티우스의 『철학의 위안』, 아우구스티누스의 『고백록』, 보나벤투라의 『하느님께 이르는 영혼의 순례기』 등을 탐독했다. 이들은 모두 『신곡』에 등장한다. 림보에서는 아리스토텔레스를 만나고, 천국의 태양천에서는 아퀴나스, 보에티우스, 보나벤투라를 만난다(아우구스티누스에 대해서는 「천국」 32곡에서 짧게 언급한다).

키케로의 『우정론』은 사랑하는 사람이 세상을 떠났을 때 갖추어

단테의 지적 태도에 많은 영향을 준 토마스 아퀴나스

단테는 사상적으로 토마스 아퀴나스로 대변되는 스콜라 철학을 따랐다. 이는 더 거슬러 올라가면 아리스토텔레스와 맥이 닿아 있다. 아퀴나스는 물질로 이루어진 현실 세계 속에서 본질을 밝혀나가는 것을 추구하는 아리스토텔레스의 자연철학을 기독교 신학 내로 수용함으로써 신앙과 이성의 조화를 꾀했다. 그가 던진 '이성'이라는 화두는 단테의 지적 태도 형성에 중요한 지침이 되었다.

야 할 태도에 관한 가르침을 주었다. 키케로의 따스한 격려와 지혜로운 조언은 단테의 마음에 깊은 흔적을 남겼다. 단테의 철학적 바탕을 알기 위해서는 보에티우스를 읽어야 한다는 말도 있다. 보에티우스는 『철학의 위안』에서 행복과 선, 진리와 정의와 같이 신과 인간을 둘러싼 문제를 철학적 사고를 통해 접근하고자 했다. 파비아의 한 감옥에서 생을 마친 보에티우스는 외로운 나날을 보내며 철학의 여신으로부터 위안을 받는 자신을 상상한다. 이와 마찬가지로 단테는 베아트리체의 상실과 더불어 문학의 상실을 맛본 처지에서 철학이 주는 위안을 추구했다. 망명 시절 동안 단테는 보에티우스의 글을 거듭 읽으며 크게 공감했다.

아우구스티누스의 『고백록』을 통해서는 기독교적 확신을 배웠다. 『향연』(3권 2장 11~16행)에서 말하는 철학자의 개념도 그로부터 나왔다. 한편 단테는 플라톤을 간접적으로만 알았지만 알베르투스 마그누스, 보에티우스, 디오니시우스를 통해 신비주의적인 신플라톤주의를 접했다. 아리스토텔레스와 프톨레마이오스의 문헌을 통해서는 천문학 지식을 습득했다. 단테는 어떤 특정인이나 흐름에 치우치지 않고 여러 철학 주제를 독창적으로 종합하는 능력이 탁월했다. 그의 글은 그 자체로 하나의 우주를 이룬다.

단테는 피렌체 서쪽 끝에 있는 산타마리아노벨라성당의 도메니코수도원에서 아퀴나스를 연구했다. 그런 다음 피렌체 동쪽 끝에 있는 산타크로체성당의 프란체스코수도원에서 보나벤투라의 신비주의를 공부하면서 아퀴나스의 철학을 신비주의로 채색하거나 완화했고, 그러면서 아우구스티누스를 끌어들였다. 서쪽의 신학과 동쪽의 신비주의. 단테는 철학자적 시인이었다. 철학 공부에서 쌓은 이성과 신비라는 두 갈래 지식은 『신곡』의 뼈대를 이룬다. 그의 내세 여행에서는 기독교적 은총의 여인 베아트리체와 이교도 베르길리우스가 두 길잡이로 등장한다.

단테를 이해하기 위한 또 하나의 열쇠, 카발칸티

단테와 함께 청신체 시풍을 주도한 사람들은 초창기의 귀도 귀니첼리를 비롯해 여럿이지만, 귀도 카발칸티가 두드러진다. 그는 단테의 문학과 베아트리체를 이해하기 위한 하나의 열쇠다. 단테는 카발칸티를 1283년에 만났다. 선배이자 라이벌로서 열 살 더 많았던 카발칸티를 단테는 『새로운 삶』에서 "제일가는 친구"로 묘사했다. 카발칸티는 급진적인 태도로 단테를 지성과 감정의 모험으로 이끌었고, 덕분에 단테의 인생과 글은 다채롭고 극적으로 변화해갔다. 단테는 카발칸티에게서 전통적인 권위에 저항하고 금기를 어기는 법을 배웠다. 영혼은 심장과 관련되고, 거기서 사랑이 나온다는 카발칸티의 구상은 단테에게 지울 수 없는 영향을 주었다.

귀도 카발칸티

카발칸티는 사랑과 여자에 대해 당시로서는 대단히 독특한 관점을 가지고 있었는데, 그것 또한 단테에게 많은 영향을 주었다. 확고하게 세속적인 관점을 가진 카발칸티에 비해, 단테는 베아트리체에 대한 순수한 사랑을 표명하면서도 실제로는 스스로에게 세속적인 사랑을 여러 번 허용하는 등 이중적 모습을 보였다. 즉 단테의 사랑은 순수하게 초월적이지도 않았고, 그렇다고 세속적이지도 않았다. 그 사이 애매한 긴장이 그의 사랑이었다.

단테는 지옥에서 이교도의 고리에 내려갔을 때, 카발칸티의 아버지 카발칸테 카발칸티를 만난다. 그가 단테에게 자기 아들은 어디 있느냐고 묻는다. 그러자 단테는 "나 혼자가 아니오. / 저기서 기다리는 분이 날 인도합니다. 아마도 당신의 귀도가 경멸했던 분이지요"라고 모호하게 답한다. 단테는 지금 카발칸티가 아니라 길잡이를 동반하고 있다고 말한다. 카발칸티를 더 이상 자신의 길을 앞서가는 존재로 의식하지 않는다는 의미다. 그렇다면 그 길잡이는 누구일까? 당연히 단테를 지옥과 연옥으로 안내하는 베르길리우스라 생각할 수 있지만, 천국에서 단테가 오기를 기다리는 베아트리체라 생각할 수도 있다. 누구냐에 따라 카발칸티가 경멸했던 사람을 알 수 있다. 만일 베르길리우스라면 고대 로마 전통을 넘어선다는 의미일 것이고, 베아트리체라면 단테의 순수한 사랑을 비웃는다는 의미일 것이다.

하지만 단테는 그런 카발칸티에게 더 이상 휘둘리지 않았다. 그러면서 과거형으로 표현함으로써("경멸했던") 카발칸티가 이제는 과거의 사람이 되었음을, 즉 죽었음을 암시한다. 이 말을 하는 시점에서 카발칸티는 실제로는 살아 있었지만, 공교롭게도 이 시점으로부터 5개월 후인 1300년 8월에 죽고 말았다. 단테는 카발칸티가 이곳 지옥의 이교도들 사이로 와서 아버지와 합류하리라 예고한다.

단테는 귀도의 추방과 죽음에 책임을 느꼈을지도 모른다. 1290년대 후반 피렌체는 극심한 정치적 혼란에 빠져 있었다. 단테는 공직자로서 백당과 흑당 사이를 조절해야 할 위치에 있었다. 그 자신은 백당 편이었지만, 사회 전체의 안녕과 질서를 확보해야 하는 만큼 두 당의 지도자 모두를 추방하는 결정에 응할 수밖에 없었다. 이때 백당의 지도자에 속했던 카발칸티 역시 사르차나로 망명했다가 말라리아에 걸려 객사하고 말았다. 단테가 『신곡』에서 카발칸티에 대해 취한 애매한 태도에는 경쟁 심리와 함께 그의 추방과 죽음에 대한 일정한 부채 의식이 도사린다.

03

DANTE ALIGHIERI

피렌체의
소용돌이 속으로

혼돈의 피렌체

단테가 망명하기 전후인 13세기 후반에서 14세기 전반의 정치
지형은 생소한 가문과 사람과 사건이 워낙 복잡다단하게 얽혀 전말
을 파악하기가 쉽지 않다. 「천국」 16곡에서 단테는 자신의 조상인
카치아귀다의 입을 빌려 피렌체가 극심한 정쟁에 휘말린 계기를 소
개했다.

피렌체 궬피의 중심 세력을 이루는 부온델몬티 가문의 부온델몬
테는 아미데이 가문 딸과 정혼했으나, 세력이 더 컸던 도나티 가문
과 혼인하기 위해 결혼식 당일에 파혼을 선언했다. 이를 심각한 모
욕으로 받아들인 아미데이 가문은 1216년 부활절 아침, 마르스상
아래에서 부온델몬테를 "정당한 복수"로 살해했다. 이 복수는 또 다
른 복수를 불러오면서 피비린내 나는 파벌 싸움으로 번졌다. 카치
아귀다는 이를 두고 전쟁의 신 마르스에게 제물을 바쳐 피렌체의
내분에 불을 당긴 사건이라고 말한다(「천국」 16곡 145~147행).

부온델몬티 가문은 교황과 연합한 동맹자들을 거느렸고, 아미데이 가문은 황제를 지지하는 세력과 닿아 있었다. 각각 궬피와 기벨리니를 대표하는 이 두 파벌은 1216년부터 1266년까지 토스카나 지역 일대에서 수많은 배신과 음모, 살인과 파괴, 복수와 전투를 벌였다. 피렌체의 지배권은 두 파벌 사이를 오가며 추방과 망명을 연이어 불러왔다.

피렌체가 상공업과 금융업의 눈부신 발전에 힘입어 대내외로 세력이 커지면서 궬피가 득세하기 시작했다. 그러다가 1266년 베네벤토 전투에서 승리하고 지배권을 결정적으로 확보하면서 줄곧 피렌체를 장악했다. 그러나 1290년대 중반 들어 궬피 내부에서 분열이 일어나면서 부유한 상인을 대변하는 비에리 데 체르키의 백당과, 국제 금융 세력을 옹호하는 코르소 도나티의 흑당으로 갈렸다. 백당과 흑당의 파벌 싸움은 1300년 전후로 피렌체를 혼란의 절정에 빠뜨렸다. 당시 교황인 보니파키우스 8세는 피렌체의 은행가들로부터 재정 지원을 받으면서 공개적으로 흑당을 지지했고, 이를 통해 토스카나 지역에 대한 통제권을 확보하고자 했다. 이런 상황에서 백당이 기벨리니의 잔여 세력과 연합하면서 정치 지형은 엄청나

피렌체의 성곽

단테가 망명하기 전후의 피렌체는 유력한 파벌 간의 반목으로 얼룩졌다. 기벨리니를 누르고 득세하기 시작한 궬피는 다시 부유한 상인들을 대변하는 백당과 국제 금융 세력을 대변하는 흑당으로 갈라지면서 피렌체를 극도의 혼란에 빠뜨렸다. 단테는 궬피 백당에 속했지만, 자신의 정파를 초월하여 보다 보편적 가치를 실현하는 데 관심을 두고 공무에 뛰어들었다. 그 가치란 바로 '이상적인 삶의 공간'으로서의 도시를 의미했으며, 이 도시는 궁극적으로 천국을 가리켰다.

게 복잡해졌다.

단테는 1295년 약제사 길드에 가입하면서 본격적으로 피렌체의 정치 소용돌이 속으로 뛰어들었다. 그는 약제사는 아니었지만 자연철학을 공부했고, 약제사 길드에서도 지식인 계층을 환영하는 분위기였다. 게다가 약국은 서점 역할도 했기 때문에 글 쓰는 사람과 관계가 없지 않았다. 단테는 아내의 가문이 도나티의 흑당임에도 불구하고 정치적 성향으로 보나 개인적 친분으로 보나 백당 쪽과 더 가까웠다.

그러나 궁극적으로 단테는 그 자신의 성향과 파벌의 입장을 초월하여 피렌체의 질서와 번영을 이룰 더욱 보편적 권력을 구상했다. 그가 정치에 뛰어든 것은 정쟁을 해결하면서 보편의 가치와 권력 구상을 실현하기 위해서였다. 망명 이전에 단테에게 '도시citta'는 곧 피렌체를 가리켰다. 여기서 말하는 도시란 이상적인 삶의 공간을 가리킨다. 망명 이후에 쓰기 시작한 『신곡』에서 그는 '도시'라는 이름을 천국에 부여했다. 그와 함께 키케로가 『신들의 본성에 관하여』에서 표명한 생각을 이어받아 우주 전체도 신과 인간이 더불어 살아가는 하나의 도시로 보았으며, 또한 베르길리우스의 『아이네이스』를 참조하여 도시를 평화와 정착의 장소로 여겼다. 그는 완전한 공동체라는 고전적 이상을 실현하고자 피렌체의 공공 업무에 참여했던 것이다. 단테는 세속적인 권력 행사가 세상을 어떻게 바꾸는지 고민하는 현실 정치인의 모습을 죽을 때까지 견지했다. 그의 정치적 시도는 실패로 끝나고 추방당했지만, 그 실천은 글쓰기라는 또 다른 수단을 통해 추구된다.

붉게 물든 아르비아강

몬타페르티는 단테가 처했던 피렌체의 복잡한 정치 맥락을 이해하기 위해 중요한 장소다. 피렌체에서 남쪽으로 차로 한 시간 정도 달리면 도착하는 이곳은 시에나 근처 아르비아강 가에 위치한다. 그곳에서 단테가 "아르비아를 붉게 물들였던 파괴와 대학살"(「지옥」 10곡 85~86행)이라 묘사한, 궬피와 기벨리니 사이의 유명한 전투가 1260년에 벌어졌다.

지옥에서 단테가 만난 기벨리니의 지도자인 파리나타는 이 전투에 대해 상세하게 들려준다. 궬피에 속했던 단테는 흥미롭게도 파리나타를 에피쿠로스주의에 물든 이교도로 등장시킨다. 보카치오는 파리나타가 페데리코 2세의 영향을 받아 영혼의 불멸성을 믿지 않고 영혼은 육신과 함께 죽는다는 에피쿠로스 학파의 견해를 신봉했다고 증언한다.

이교도들이 벌을 받고 있는 지옥의 여섯 번째 고리에 내려간 순례자 단테의 귀에 갑자기 파리나타의 목소리가 들려온다. 파리나타는 단테의 말씨로 미루어 그를 "토스카나 사람"이라 부르며 불러 세우는데, 말하는 내내 매우 고상한 어법을 사용하다 끝내는 오만하고 경멸적인 어조를 띤다(지적 교만도 '이교도'의 징후다). 그런 위압적인 태도에 지지 않으려고 단테도 있는 힘을 다해 고상하고 위엄에 찬 표현을 사용하려 애쓴다. 덕분에 둘이 만나는 장면은 『신곡』에서 가장 격조 높은 문장으로 가득하다.

단테가 지옥에서 만난 인물 가운데 아마도 가장 강렬한 인상을 주는 파리나타의 열변을 통해 피렌체에 대한 단테의 생각을 알 수 있다. 파리나타를 대하는 단테의 태도는 조심스럽기 그지없는 반면, 파리나타의 태도는 거칠 것이 없다. 단테가 자신의 가문에 대해 밝히자 파리나타는 눈썹을 약간 치켜올리는데, 그 동작은 지옥의 밑바닥에 처박힌 마왕 루키페르가 하느님에 대해 치켜세운 눈썹을 연상시킨다(「지옥」 34곡 35행). 파리나타는 단테의 가문에 적대적인 데다, 자기 가문보다 아래인 것을 알고 교만을 부린다.

"그들은 나와 내 선조들,

그리고 나의 파벌에 격렬하게 반대했지.

그래서 난 두 번이나 그들을 격퇴했어."

"쫓겨나기는 했어도 언제나 돌아왔소."

내가 대답하기를, "한 번도 아니고 두 번이나.

그러나 당신 쪽은 그만한 기술을 익히지 못했소."

— 「지옥」 10곡 46~48행

이들은 열띤 논쟁을 벌인다. 파리나타가 말하는 '두 번의 격퇴'는 1248년과 1260년의 전투를 가리킨다. 파리나타가 이끄는 기벨리니는 두 번의 전투에서 승리를 거두었고, 그때마다 피렌체 궬피의 핵심 인사였던 단테의 조부 벨린치오네는 망명을 떠나야 했다. 특히 1260년 9월 4일 몬타페르티에서 벌어진 전투에서 파리나타는 피렌체의 궬피에 일방적인 승리를 거두었다.

궬피와 기벨리니가 맞붙은 몬타페르티 전투

1260년 9월, 시에나 근방의 몬타페르티에서 궬피와 기벨리니 간에 벌어진 유명한 전투를 묘사한 것이다. 이 전투에서 파리나타 델리 우베르티가 이끄는 기벨리니가 승리했고, 궬피 핵심 인사였던 단테의 할아버지는 망명을 가야 했다. 단테는 「지옥」에서 이 전투를 다시 언급하면서 파리나타를 등장시킨다.

하지만 기벨리니가 궬피를 두 번 격퇴했다는 파리나타의 말에 대해 단테는 반론을 편다. 궬피는 두 번 쫓겨나면서도 그때마다 다시 피렌체에 재입성한 반면, 기벨리니는 그렇게까지 하지는 못했다는 것이다. 실제로 1266년 베네벤토 전투에서 앙주의 샤를과 연합한 궬피에 완파당한 이후로 파리나타는 계속해서 망명 생활을 해야 했다. 이후 궬피는 피렌체를 완전히 장악한 가운데 번영을 이루었다. 단테는 바로 이런 상황에서 성장했다.

한때 피렌체를 접수한 기벨리니 사람들 대다수는 철저한 복수를 주장했지만, 파리나타는 그들의 뜻을 받아들이지 않고 궬피 가문을 살려두었다. 이 과정에서 그는 적대적 가문들을 부수고 거두는 승리보다는 함께 이루어가는 피렌체의 번영이 중요하다고 설득했다. 하지만 피렌체 시민들은 파리나타의 사려에 어떤 감사도 표하지 않았고, 나중에 기벨리니가 다시 축출되는 상황에서 그와 그의 가족을 보호하는 아무런 조처도 취하지 않았다. 또한 그가 죽은 뒤 20년이 지난 다음에 열린 종교재판에서 그를 영혼의 불멸성을 믿지 않는 에피쿠로스주의자로 판결하여, 그와 부인의 시신을 꺼내 불에 태우고는 그 재를 축성하지 않은 부정한 땅에 뿌렸다. 단테는 이런 세간의 평가를 받아들여 파리나타를 이단자로 지옥에 배치했지만, 그의 모습을 단호하고 당당하게 묘사함으로써 또 다른 평가를 유도한다.

그러나 내 발길을 멈추게 했던 다른
위엄 있는 그자는 안면을 바꾸지 않았고, 또한

목을 움직이지도, 허리를 구부리지도 않았다.

—「지옥」10곡 73~75행

　　파리나타의 스토아적인 금욕과 평정의 상태는 아리스토텔레스
가 『윤리학』에서 표방한 가장 고결한 인간상이지만, 아마도 단테는
하느님 앞에서조차 꼿꼿한 그런 모습을 교만이라 생각한 듯하다.
평정심은 과연 교만일 수 있을까? 어쨌든 파리나타는 피렌체에서
추방당한 선배로서 단테에게 추방의 운명을 예고한다.

　　그들이 그런 기술을 잘 익히지 못했다는 점이
　　이 침대보다 더 날 괴롭히는구려.

　　그러나 여기를 지배하는 여인의 얼굴이
　　오십 번 그 빛을 발하기 이전에 그대는
　　그 기술이 얼마나 무거운지 알게 되리.

—「지옥」10곡 77~81행

　　파리나타가 "그들"이라 부르는 사람들은 그가 속한 기벨리니를
가리키고, "그런 기술"이란 추방당해도 굴복하지 않고 다시 승리하
여 귀환하는 힘을 의미한다. 파리나타는 자기 가문이 다시는 피렌
체로 복귀하지 못했다는 사실이 지옥에 처한 자신의 현재 상황보다
더 괴롭다고 토로한다. 그러면서 단테도 달("여인"은 달의 여신 디아나
를 가리킨다)이 오십 번 바뀌기 전에 추방을 당할 것이고, 다시 귀환

하는 일이 얼마나 어려운지 알게 되리라고 경고한다. 실제로 단테
는 추방당하고 난 뒤 다른 추방자들과 함께 피렌체로 복귀하는 시
도를 다각도로 벌였으나, 1304년 7월에 결국 단념하고 말았다. 『신
곡』에서 순례를 시작하는 날로부터 약 50개월 되는, 즉 달이 오십
번 바뀐 때였다.

포피 요새 아래에서

　1290년에 베아트리체가 죽은 뒤 단테는 피렌체의 정치, 행정, 외
교 같은 공적 업무에 본격적으로 뛰어들지만, 이미 그 이전에도 시
민으로서의 역할을 충실히 수행하고 있었다. 1289년 6월 11일, 카
센티노 계곡의 캄팔디노에서 피렌체의 궬피와 아레초의 기벨리니
가 맞선 전투에 참가한 예가 대표적이다. 단테는 이 전투를 「연옥」
에서 자세하게 묘사했다.

　피렌체의 기벨리니는 1266년 베네벤토에서 피렌체의 궬피에 패
전한 이후 호시탐탐 기회를 엿보던 차에 1280년대 중반 이후 아레
초를 장악했다. 피렌체 남쪽으로 불과 90킬로미터 떨어진 곳이다.
피렌체의 궬피는 이를 위협으로 간주하고 아레초에 선전포고를 했
다. 단테가 속한 기병대는 콘수마 고개를 거쳐 카센티노로 내려가
귀도 노벨로(단테가 말년에 라벤나에서 머물 때 그를 환대했던 귀도 노벨로
다 폴렌타와는 다른 인물이다)가 지배하는 포피 요새 바로 아래 캄팔디
노라 불리는 넓은 평원에 도달했다.

포피성

토스카나의 아레초에 있는 성으로, 캄팔디노 전투가 벌어진 일대를 가장 잘 내려다볼 수 있는 곳이다. 젊은 시절 이 전투에 참여했던 단테는 훗날 망명 생활을 할 때 영주인 귀도 노벨로 귀디의 보호 아래 이곳에서 약 1년간 머물렀다.

피렌체는 1천 명의 기병과 1만 명의 보병으로 아레초를 공격했다. 열세에 놓인 아레초는 처음부터 패배가 예견되었다. 아레초의 사령관 본콘테 다 몬테펠트로의 도주와 죽음은 카센티노에서 흘러내리는 아르노강을 따라 참혹하게 묘사된다(이 이야기는 잠시 뒤에 하기로 하자).

전에 나는 기사들이 진을 치고
공격을 개시하며 위용을 과시하고
때로는 후퇴하는 것을 본 적이 있다.

아, 아레초 사람들이여! 난 당신들 땅에서
파발꾼을 보았고, 말을 탄 습격대를 보았고,
기병이 격돌하고 창이 부딪치는 것을 보았다.

때로는 나팔 소리에, 때로는 종소리에,
때로는 북소리에, 혹은 성의 신호에 따라,
아군이든 적군이든 움직이는 것을.

그러나 어떤 기병과 보병도, 육지와 별의
표지에 따르는 배도, 이리도 유난한
피리에 움직이는 것을 본 적이 없다.

우리는 열 마리 마귀와 함께 걷고 있었다.

아, 무서운 동행이여! 그러나 교회에는

성인과, 술집에는 술꾼과 함께하는 법.

─「지옥」 22곡 1~15행

마귀 바르바리치아의 방귀 묘사("그가 궁둥이로 나팔을 불었다")로 「지옥」 21곡을 마무리한 단테는 22곡을 시작하면서 캄팔디노 전투를 회상한다. 바르바리치아의 방귀("유난한 피리")가 젊은 시절 참가했던 전투를 떠올리게 한 것이다. 그리고 방귀에 맞추어 일사불란하게 움직이는 마귀들의 모습에 캄팔디노 전투 광경을 포갠다. 이 장면은 소리로 가득 차 있다. 군대를 통솔하는 "나팔 소리" "종소리" "북소리" "성의 신호"는 모두 바르바리치아가 뀐 방귀에서 비롯된 것이다.

이 전투가 벌어진 캄팔디노 평야를 가장 잘 볼 수 있는 곳은 포피 성이다. 포피성 앞마당에 서니 어딘가 모르게 피렌체에 와 있는 느낌이 든다. 아니나 다를까 바사리의 해설을 보니 포피성을 완성한 아르놀포 디 캄비오가 베키오궁의 설계와 시공을 맡았다고 한다.

포피는 산이라기보다는 높은 구릉 위에 자리한 성과, 그것을 둘러싼 조그만 시가지로 형성되었다. 천천히 걸어 올라간다. 좁은 거리에 경찰서, 행정관서, 우체국, 식당, 상점, 카페 따위가 오밀조밀하게 들어섰다. 성의 첨탑까지 아니라 앞마당에만 올라도 사방이 탁 트여 캄팔디노 평야가 시원스레 한눈에 들어온다. 전략적으로 외부 침입자를 감시하고 방어하기에 아주 좋은 위치다. 굳이 성까지 쳐들어오게 기다리지 않고 평야로 나가 일전을 벌이는 것이 상수다.

포피성에서 내려다본 캄팔디노 평야

단테는 공무에 깊숙이 관여하기 전에도 피렌체 시민으로서 현실에 적극적으로 참여했다. 1289년, 카센티노 계곡의 캄팔디노에서 궬피와 기벨리니가 맞선 전투에 군인으로 참여한 것이 그 예다. 이 전투는 패전한 기벨리니의 사령관인 본콘테 다 몬테펠트로의 죽음과 함께 「연옥」에 자세히 묘사되어 있다.

1289년 피렌체를 위해 캄팔디노 전투에 참가했던 단테는 21년 뒤 피렌체에서 쫓겨난 채 포피에 머물게 될 운명임을 전혀 몰랐을 것이다. 그는 1310년 포피성에 와서 귀디 가문의 호의로 거의 1년을 머물렀다. 성안으로 들어서면 2층과 3층으로 오르는 나선형 계단이 벽에 붙어 있고, 한쪽 귀퉁이에는 탑으로 이어지는 원통 계단이 놓여 있다. 그리고 예배실과 넓은 홀, 도서관이 갖추어져 있다.

도서관에 들어서자 한눈에도 희귀해 보이는 고서적들이 나를 맞이한다. 그 가운데 1382년에 나온 『신곡』 필사본이 눈에 들어온다. 내가 직접 본 필사본으로는 가장 오래된 판본이다. 다른 책들은 눈에 들어오지도 않는다. 구텐베르크의 활자본 인쇄술이 보급되기 시작한 15세기 중반 이후 나온 인쇄본은 여기저기에서 많이 보았지만, 14세기에 나온 필사본은 처음이다.

기록에 의하면 현존하는 가장 오래된 필사본은 단테가 죽고 나서 15년 뒤에 나온 1336년판이다. 단테 자신의 필사본은 전해지지 않는다. 그의 필적은 어디에서도 찾아볼 수 없다. 거의 동시대 작가인 프란체스코 페트라르카와 보카치오의 필사본이 다량 남아 있고, 단테가 죽기 직전에 완성한 「천국」에 앞서 「지옥」과 「연옥」이 널리 유통되어 큰 인기를 끌었다는 점을 고려하면 이상한 일이다.

지옥의 거인들과 몬테리조니

단테는 피렌체의 정치와 행정에 깊숙이 관여하는 한편, 주변 도시들과 복잡하게 얽힌 관계를 풀어나가는 외교관으로서도 수완을 보였다. 때로 충돌이 불가피할 경우 군인으로 전쟁터에 나가기도 했다. 이런 경험들은 『신곡』 여기저기에서 내세를 묘사하기 위한 현세의 예로 제시된다. 몬테리조니나 시에나와 같이 피렌체에 인접한 도시들을 떠올릴 수 있다.

마치 몬테리조니가 둥그런 성벽 위에
탑들을 둘러치고 있듯이,
그렇게 웅덩이를 에워싼 둑 위에서

무시무시한 거인들이 망루처럼
상반신을 세우고 있는데, 천둥이
울릴 때마다 하늘의 제우스가 위협하더라.

—「지옥」 31곡 40~45행

단테는 지옥의 밑바닥에 얼어붙은 웅덩이 코키투스를 에워싼 둑 위로 거인들이 상반신을 세운 모습을 멀리서 보는데, 계속해서 울리는 제우스의 천둥이 이들을 제압한다. 마치 판타지 영화의 한 장면처럼 가공할 모습이 시각과 청각을 압도하며 펼쳐진다. 그것을 표현하기 위해 단테는 여기저기 솟아오른 탑들로 구성된 몬테리조니의 전경을 떠올린다.

몬테리조니는 1213년 시에나가 피렌체의 공격을 방어하기 위해 세운 일종의 전초 기지였다. 공략당한 적이 한 번도 없는 철의 요새

였다. 천천히 걸어서 10분이면 가로지를 수 있는 그리 넓지 않은 공간을 둘러싼 견고한 성벽 위로 군사들이 돌아다닐 수 있고, 사이사이에 열네 개의 망루가 넓고 높다랗게 솟아올라 있으니, 철옹성이 될 수밖에 없었으리라. 결코 공략할 수도, 그 누구도 함부로 들어갈 수 없는 곳. 단테는 지옥의 밑바닥을 보며 바로 그런 이미지를 떠올렸을 것이다.

단테가 몬테리조니를 본 것은 아마도 1289년에 벌어진 캄팔디노 전투에 참여했을 때였거나, 1300년 바로 근처 산지미냐노에 외교사절로 갔을 때였거나, 아니면 1301년 시에나에서 피렌체 복귀를 모의했을 때였을 것이다. 말하자면 「지옥」을 쓰면서 이전에 본 광경을 떠올렸을 텐데, 그때의 그는 피렌체의 번영을 위해 전의를 불태우던 젊은 공직자였다. 그 전의는 몬테리조니의 철옹성 이미지에도 굴하지 않을 만큼 뜨거웠으리라. 따라서 단테가 기억하는 이미지는 몬테리조니의 탑들과 함께 그것들을 바라보던 자신의 마음이었을 것이다. 그 탑들에 접근하여 공략하고야 말겠다는 마음 말이다. 그래서 지옥에서 그 거인들을 넘어서서 지옥의 핵까지 도달하는 힘을 그 기억에서 얻었을 것이다.

몬테리조니는 단테가 지옥 밑바닥에서 여럿의 거인들을 보던 바로 그 거리만큼 떨어져서 보아야 한다. 거인의 몸 전체가 한눈에 들어오면서 세부까지 보이는 정도의 거리다. 거인의 얼굴이 산피에트로대성당 경내에 있는 솔방울 정도라고 하니, 크기와 거리를 더욱 정확히 상상할 수 있다.

나는 그 정도의 거리에서 몬테리조니를 관찰할 수 있는 곳에 차

'지옥의 거인들'의 모티브가 된 몬테리조니

단테는 지옥의 밑바닥에서 무시무시한 거인들이 상반신을 세우고 있는 모습을 묘사하는데, 그것은 그가 공직자 시절에 본 몬테리조니의 견고한 성벽에서 떠올린 것이다. 한 번도 공략당한 적이 없는 철옹성 같은 요새. 단테에게 지옥의 밑바닥은 바로 그런 이미지로 다가왔다.

를 세우고 걸어가기로 했다. 그러면서 점점 확대되는 그 광경을 관찰했다. 여러 개의 탑이 몸집을 불리며 다가오자 그 속으로 들어가 하나가 되는 느낌이 들었다. 성 내부로 들어서자 마치 짐승의 뱃속에 잠긴 듯한 야릇한 기분이 들었다. 안온하면서도 답답한, 그대로 주저앉고 싶으면서도 뚫고 나오고 싶은, 이른바 '내파內破'의 복잡하면서도 달콤한 유혹이 생겨났다. 그래서인지 아이스크림이 먹고 싶어졌다.

몬테리조니에서 하룻밤 묵은 숙소의 주인은 이런 이야기를 들려주었다. "단테는 피렌체에서 완성한 이탈리아 표준어를 다른 지역에도 보급해야겠다는 생각으로 길을 떠나 시에나로 향했어요. 거의 도착할 즈음 어느 양치기 처녀를 만났지요. 그녀에게 시에나가 얼마나 남았느냐고 물었는데, 처녀는 정확한 토스카나어로 대답했어요. 처녀가 사용한 토스카나어는 단테가 생각한 표준어와 별반 다르지 않았어요. 그래서 굳이 보급할 필요가 없어진 단테는 발길을 돌렸다는 겁니다."

어떻게든 단테와 인연을 만들고자 하는 이탈리아인들 사이에서 사실 여부를 알 수 없는 이런 이야기가 지금까지 전해 내려온다는 점은 놀랍다. 사실 이탈리아 어디를 가든, 이탈리아인 누구를 만나든, 단테에 관해 들려줄 이야기 하나쯤은 가지고 있다. 특히 고향과 관련된 이야기가 머릿속에 들어 있다. 사실과 부합하는 것도 있지만 아예 말이 안 되는 경우도 있다. 그러나 그 무엇이라도 단테에 관한 이야기를 듣는 일은 흥미롭다. 이탈리아인은 누구나 단테에 대한 애정과 자부심을 가지고 있고, 대부분은 귀가 솔깃하게 이야기를 풀어나가기 때문이다. 그들의 단테 이야기에는 지역의 역사와 문화, 그들의 삶과 생각, 감정 등이 스며들어 있다.

사치와 방탕의 도시, 시에나

시에나는 몬테리조니처럼 단테가 공직자 시절에 대면해야 했던 도시다. 『신곡』에서 몬테리조니가 시각적인 이미지로 그려졌다면, 시에나는 그곳과 얽힌 이야기로 등장한다. 무엇보다 시에나는 단테에게 낭비의 도시였다.

> 내가 시인에게 말하기를, "그럼 당시에
> 시에나 사람들처럼 허황된 이들이 있었나요?
> 프랑스 사람들도 분명 그 정도는 아니지요!"
>
> 내 말에 귀 기울이던 다른 문둥이가
> 말을 받기를, "씀씀이를 조절할 줄 알았던
> 스트리카라면 물론 제쳐놓구려.
>
> 또 비싼 정향을 사용하는 법을,
> 그 씨가 뿌리를 내리는 밭에서
> 처음으로 고안한 니콜로도 열외겠지요.

시에나

「지옥」 29곡에는 시에나에서 사치와 방탕으로 악명을 떨친 이들이 열거된다. 그만큼 단테에게 시에나는 낭비의 도시였고, 여느 피렌체인들처럼 그도 시에나를 낮추어 보는 마음을 가지고 있었다. 그래서일까? 시에나에는 단테와 관련한 흔적이 별로 없다.

포도원과 넓은 농지를 낭비한 카치아 다쉬안과

총명을 으스대던 압발리아토가 속한

그 방탕족도 제외하구려.

(…)

내가 연금술로 금속을 위조했던

카포키오의 망령임을 알게 되리라.

— 「지옥」 29곡 121~137행

피렌체인은 시에나인을 과소평가하려 들고, 이탈리아인은 프랑스인을 과소평가하기를 좋아한다. 위에서 열거한 사람들은 13세기 말 시에나에서 낭비로 악명을 떨친 이들이다. 니콜로는 흥청망청 사치를 일삼는 낭비족의 주도자였다. 동방에서 수입하여 엄청나게 비싼 정향을 날짐승 구이에 가미하는 새로운 요리법을 만들어 시에나인들에게 큰 환영을 받았다. "씨가 뿌리를 내리는 밭"은 시에나를 가리킨다. 다쉬안과 압발리아토는 시에나 부호의 아들들로 구성된 열두 명의 방탕한 무리에 속했다. 이들은 전 재산을 현금으로 바꾸어 20개월 만에 다 써서 없앴다고 한다. 위의 이야기를 들려주는 카포키오라는 사람은 1293년 시에나에서 연금술사로 몰려 화형을 당했다. 다른 사람들의 말과 행동을 흉내 내는 특별한 재주가 연금술 비슷한 부정행위로 발전된 것이다. 하지만 카포키오가 빈정대며 폭로하는 시에나인들의 죄목은 위조가 아니라 사치와 방탕이었다.

단테도 여느 피렌체인처럼 시에나를 과소평가하는 마음을 가지고 있었던 것 같다. 나는 시에나 성곽 바깥의 어느 호텔에 여장을 풀면서 주인에게 이곳과 단테가 관련된 이야기 중 아는 것이 있는지 물어보았다. 앞서 신나게 떠들던 몬테리조니의 여관 주인과 다르게 그의 얼굴이 살짝 굳어졌다. 그러고는 "단테는 피오렌티노(피렌체 사람)였으니까……"라고 했다. 여기 와서 피렌체 사람에 대해 물으면 할 말이 없고, 단테와 관련한 흔적은 별로 없으며, 사실 시에나인으로서는 그리 반가운 주제가 아니라는 등의 의미였으리라.

시에나와 관련하여 단테가 『신곡』에 남긴 이야기 중 피아 데 톨로메이의 사연이 떠오른다. 사실 그녀는 정체가 확실하지 않지만 시에나의 톨로메이 가문에서 태어났고, 루카의 집정관이었던 넬로 데이 판노키에스키와 결혼하여 토스카나 남쪽 끝의 척박한 마렘마에서 남편에게 살해되었다고 알려져 있다. 살해의 동기는 의처증 또는 다른 여자와 재혼하기 위해서였다.

톨로메이 가문이 시에나에 남긴 흔적은 뚜렷하다. 13세기에 지은 톨로메이 가문의 저택은 주변 건축물에 비해 단연 뛰어나게 아름답고 당당하다. 700년 동안 그 자리에 그렇게 버티고 서 있다. 금융업으로 부와 권력을 쌓은 가문의 저택에 어울리게 지금도 1층에는 은행이 자리한다. 그리고 다른 은행과 환전소가 바로 앞 톨로메이광장을 둘러싸고 있다. 광장에는 로물루스 형제 가운데 하나는 늑대 젖을 먹고 하나는 다른 곳을 바라보는 기념물이 우뚝 서 있다. 시에나의 상징물이다. 로마를 건국하고 난 뒤 로물루스 형제 가운데 동생이 로마에서 나와 시에나를 건설했다고 한다. 도망칠 당시

마렘마

단테가 연옥에서 만난 피아 데 톨로메이는 시에나 톨로메이 가문에서 태어나 토스카나 남쪽 끝에 있는 마렘마로 시집을 갔다가 남편에게 살해당한 비운의 여인이다. "나를 기억해주세요!" 내세에서 휴식을 취하고 있는 피아가 건넨 이 말은 폭력에 스러진 그녀의 삶을 더욱 애잔하게 한다. 마렘마는 그녀를 파괴한 공간이자 모든 고통에서 벗어나게 해준 해방의 공간이기도 하리라.

동생은 백마와 흑마를 탔다고 하여 지금도 시에나의 두오모는 흑백이 섞인 문양을 기본으로 한다.

두오모의 전면을 화려하게 치장한 금은 단테가 비난한 풍요와 사치를 떠올리게도 한다. 저물어가는 해를 받아 시시각각으로 모양을 달리하며 찬란하게 빛나는 성모자와 제자들 그림은 시에나가 과거 누렸던 영화를 잘 보여준다. 이곳에도 로물루스와 늑대의 기념물이 두오모의 전면 양쪽에 세워져 있다. 자세히 관찰해보니 아니나 다를까 형제 가운데 하나는 늑대에게서 완전히 떨어져 나와 있다.

연옥에서 만난 톨로메이가 단테에게 던지는 다섯 행의 문구는 짧고도 강렬하다. 이 문구는 톨로메이 가문 저택 벽에 붙어 있다.

"아, 당신이 세상으로 돌아가서
길고 긴 길에서 휴식을 취하게 되거든,

나를 기억해주세요! 나는 피아라고 합니다.
시에나가 날 만들었고 마렘마가 날 파괴했으니,
그전에 나와 결혼하며 보석으로

반지를 끼워주었던 그자가 잘 알고 있다오."
— 「연옥」 5곡 131~136행

"나를 기억해주세요." 피아의 어조는 정중하고도 간절하다. 피아는 순례자 단테가 내세의 긴 여행에서 다시 현세로 돌아가 편안한 휴식을 취하리라고 상상한다. 폭력 끝에 죽음에 이른 자신의 피곤했던 삶에 대한 보상을 투영하는 듯하다. 단테는 현세에서, 그녀는 내세에서 휴식을 취한다. 이렇게 볼 때 그녀가 죽임을 당한 마렘마는 파괴가 아니라, 그 모든 고통과 괴로움에서 놓여난 해방의 장소라고 볼 수도 있다.

가슴에 십자가를 그으며

참혹한 죽음의 장면은 『신곡』에서 여러 번 반복된다. 단테는 망명 생활 내내 자신의 운명과 미래를 비관적으로 생각한 것일까? 캄팔디노 전투에서 패한 아레초의 기벨리니의 사령관 본콘테는 아름다운 아르키아노 강물에 잠겨 숨을 거두었다.

평화로운 들녘 사이로 강물과 멀어지다 가까워지기를 반복하며 그곳으로 향한다. 아르키아노강이 아르노강에 합쳐지면서 '아르키아노'라는 이름이 사라지는 지점으로 가야 한다. 단테가 「연옥」 5곡에서 소개한 본콘테는 뒤늦게라도 참회한 덕분에 연옥에 와 있는 인물이다. 1250년경에 태어나 1288년 토포에서 아레초의 기벨리니를 지휘하여 시에나와 전투를 치렀고, 이어 벌어진 캄팔디노 전투에서 참패를 당한 뒤 부상을 입고 달아나다 죽었다. 무려 1700여 명의 부하들이 전사하고 그의 시신은 발견되지 않아 당시 뒷말이 무성했다. 본콘테가 최고 지휘관이었는데도 시신이 사라진 이유를 단테도 궁금하게 여겼다.

"그 어떤 힘 또는 어떤 운명이

당신을 캄팔디노 밖으로 멀리 보내

당신 무덤이 알려지지 않게 했나요?"

—「연옥」5곡 91~93행

이에 길게 이어지는 본콘테의 대답은 당시의 긴박했던 현장을 대단히 세밀하고 역동적인 언어로 전달한다. 단테는 본콘테가 들려주는 이야기의 초점을 그의 강한 의지에 맞춘다.

"오!" 그가 대답하기를, "아르키아노라는

이름을 가진 물은 아펜니노에서 에르모보다

더 위에서 생겨나와 카센티노의 발치를 지나친다오.

자기 이름이 사라지게 되는 그곳에 도착하여

나는 목에 구멍이 난 채

바닥에 피를 뿌리며 걸어서 도망쳤소.

거기서 나는 눈이 멀었고, 마리아의 이름으로

말을 끝마쳤소. 거기서 쓰러졌고,

나의 육신만 홀로 남겼소.

내 진실을 말하니 산 사람들 사이에서 다시 말해주오.

하느님의 천사가 날 잡자 지옥의 악마가 이렇게

본콘테의 죽음

캄팔디노 전투에서 참패한 기벨리니 사령관 본콘테는 피를 흘리며 도주하다가 결국 아르키아
노 강물에 잠겨 죽고 말았다. 『신곡』에서는 마지막 죽음의 순간에 가슴에 십자가를 그으며 참
회를 함으로써 연옥에 와 있는 인물로 그려진다. 급류에 휩쓸려 처절한 죽음을 맞는 그의 모
습은 흡사 웅장한 교향곡을 듣는 기분이 들게 한다.

외쳤소. '오, 하늘의 그대여, 왜 내 것을 빼앗는가?

그자의 한 방울 눈물 때문에 내게서 빼앗아

영원한 부분을 가져가는가.

그러면 난 다른 쪽을 다르게 관장하리라!'

—「연옥」5곡 94~108행

본콘테는 죽어가면서 팔로 십자가 모양을 만들고 눈물을 흘린다. 그 참회 덕분에 하늘의 천사가 내려와 그를 연옥으로 인도하려 한다. 그러자 본콘테를 당연히 지옥으로 떨어져야 할 죄인으로 여긴 지옥의 악마가 당황한다. 그리고 천사가 영혼("영원한 부분")을 가져간다면 자기는 육신("다른 쪽")을 가져가 고통을 주겠다고 주장한다. 육신과 영혼에 대한 관할을 두고 천사와 악마가 경합을 벌이는 주제는 중세에 널리 퍼져 있었다. 최후의 심판을 그린 여러 그림에도 영혼의 무게를 측정하는 저울의 양쪽에 대천사 미카엘과 악마가 서 있는 모습이 등장한다.

그런데 본콘테를 두고 지옥의 악마는 천국의 천사를 압도할 정도의 힘을 지닌 듯 보인다. 죄를 지은 이상 그것을 덮는 일은 쉽지 않음을 보여준다. 이를 무시하듯 천사는 아무런 반응도 보이지 않는다. 그러나 천사가 완판승을 거둔 것 같지는 않다. 악마는 할 때까지 다 한다. 폭풍우를 일으켜 강에 급류를 만들고, 본콘테의 육체가 거기에 휩쓸리며 고통스럽고 처절한 죽음을 맞게 만든다.

"사납게 흘러가는 아르키아노는 어귀에서

나의 차가워진 몸을 발견하고

아르노로 넘겼는데, 고통이 나를 사로잡았을 때

나 스스로 만든 십자가가 가슴에서 풀려났소.

아르노는 강둑으로, 강바닥으로 나를 굴리면서

제 전리품으로 나를 덮치고 휘감았다오."

―「연옥」 5곡 124~129행

폭풍우가 몰아치고 급류에 휘말려 죽어가는 본콘테를 묘사하는 단테의 어조는 웅장하여 마치 교향곡을 듣는 기분이 든다. 아르키아노강은 카말돌리수도원 근처 계곡에서 발원하여 카센티노 숲을 따라 흐르다 아르노강으로 합류하면서 이름을 잃는다. 단테는 두 강이 합쳐지는 바로 그 어귀가 본콘테가 부상을 입고 피를 흘리며 도주하다 쓰러져 죽어간 곳이라 상상한다. 캄팔디노 전장에서 무려 10킬로미터 넘게 떨어진 곳이다. 숨이 끊어지니 팔로 만든 십자가가 풀리고, 시신은 갑자기 불어난 물에 휩쓸린 온갖 쓰레기와 엉킨다. 육신은 처절한 최후를 피하지 못하지만, 영혼은 십자가 모양을 만든 최후의 동작으로 인해 죄를 씻는 연옥행을 보장받는다.

폰테산탄젤로 위의 군중

1295년부터 공직을 맡으면서 단테가 한 여러 발언이 기록에 남아 있다. 예컨대 '100인 위원회'가 보니파키우스 8세의 요청을 심사하는 과정에서 단테는 교황을 지원하는 일이라면 그 무엇도 해서는 안 된다고 주장했다. 당시 교황은 이전부터 피렌체에 100인 기사단 지원 기간을 연장해달라는 요청을 한 상태였다. 단테의 반대는 보니파키우스 8세에 대한 불신에서, 또한 토스카나 지역의 정치적 독립권을 침범하려는 교황의 의도를 꺾어야 한다는 신념에서 나왔다. 그러나 단테의 주장은 받아들여지지 않았다.

단테와 교황이 직접 만났는지는 모른다. 단테와 동시대를 살았던 역사가 디노 콤파니의 기록에 따르면, 단테는 교황이 피렌체에 영향력을 행사하려는 것을 견제하기 위한 외교 임무를 띠고 궬피 백당 대표로 로마에 간 적이 있었다. 그의 임무는 황제권과 교황권을 '조정'하는 것이었다. 로마제국의 수도였던 로마는 황제 권력의 중심지였지만, 이후 중세 내내 교황청이 자리하면서 교황권의 거점이 되었다. 단테는 1300년에는 성년聖年을 기념하기 위하여, 1301년에는 외교 사절로 로마를 방문했다. 『신곡』에서 단테는 로마를 과거와 현재, 그리고 비유의 차원 등 여러 측면에서 언급한다.

단테에게 로마는 그리스도가 시민으로 있는 곳이다(「연옥」 32곡 100~102행). 보니파키우스 8세는 1300년을 성년으로 선포했다. 이 해에 성당에 나와 죄를 고해하면 누구든 사면을 받는다는 내용이었다. 인구가 5만에 미치지 않던 로마에 20만 명 이상의 순례자들이 이탈리아는 물론 유럽 각지에서 몰려왔다. 지옥의 여덟 번째 고리인 말레볼제에 내려간 단테는 무수히도 많은 뚜쟁이와 매춘부가 서로 엇갈리며 도는 현장에 이른다. 거기서 그는 순례자들이 산피에트로대성당을 향해 폰테산탄젤로로 밀려들며 인산인해를 이루는 광경을 떠올린다.

> 바닥에는 죄인들이 벌거벗은 채
> 중간 이편은 우리와 마주 보고 오고,
> 저편은 우리와 나란하되 걸음이 빨랐으니,
>
> 마치 성년에 밀어닥치는 인파로
> 인해 사람들이 다리를 건너갈
> 방법을 로마인들이 찾았는데,
>
> 이편에서는 모두가 성을 향해
> 얼굴을 두고 산피에트로대성당으로 가고,
> 저편에서는 산을 향해 가는 것과 같았다.
> —「지옥」 18곡 25~33행

　죄를 사하는 성년의 로마를 하필 지옥에서 떠올린 것은 부적절하지 않다. 성년을 선포한 보니파키우스 8세 역시 지옥에 떨어져 있으니까.
　단테는 지옥의 망령들을 마치 군중처럼 대한다. 분리되고자 하

로마의 폰테산탄젤로

단테는 공직에 있을 때, 피렌체에 대한 교황의 영향력을 견제하기 위한 임무를 띠고서 궬피 백당 대표로 교황권의 거점인 로마를 방문한 적이 있다. 당시 교황인 보니파키우스는 8세는 1300년을 성년으로 선포하고는 이해에 죄를 고하면 모두 사면을 받는다고 했다. 그러자 로마에는 유럽 각지에서 온 수만 명의 순례자들로 인산인해를 이루었는데, 단테는 특히 산피에트로대성당으로 가기 위해 폰테산탄젤로로 밀려든 사람들을 보고는 부조리한 획일성을 발견했다. 이는 지옥의 여덟 번째 고리인 말레볼제에서 뚜쟁이와 매춘부 들이 서로 엇갈리며 도는 현장의 모습으로 되살아났다. 폰테산탄젤로 건너 산탄젤로성이 보인다.

지만 어느새 그들 가운데서 자신을 발견한다. 단테는 지옥의 망령들에게 슬픔과 분노를 동시에 느끼는데, 그러한 양면성은 그들에게 속하는 동시에 분리되는 이중의 감정과 통한다. 그것이 단테가 지옥의 망령들과 만나는 방식인데, 로마에서 목격한 폰테산탄젤로 위의 군중에게서도 비슷한 감정을 느끼지 않았을까?

단테는 자동인형처럼 움직이는 군중에게서 부조리한 획일성과 야만적 규율성을 발견한다. 성년 선포는 사람들에게 구원의 진정성보다 기회주의를 조장하는 측면도 있었다. 하지만 그들 가운데서 단테는 마치 지옥 한가운데서 연민을 느끼듯 구원의 실마리를 찾아내고자 한다. 베로니카의 예는 그런 식으로 이해할 수 있다.

어떤 이가 크로아티아처럼 먼 곳에서
오랫동안 갈망한 우리의 베로니카를 보러 왔다가,
충분히 오랫동안 볼 수 없지만,

그것이 나타나 있는 동안 마음속으로 이렇게 말한다.
'오 나의 주, 예수 그리스도, 참된 하느님이시여!
그때 당신의 얼굴이 정녕 이러했나이까?'
— 「천국」 31곡 103~108행

베로니카는 그리스도가 골고다 언덕을 오를 때 피로 얼룩진 그의 얼굴을 수건으로 닦아준 여인이다. 그 수건에 그리스도의 얼굴 모습이 남았다고 한다. 산피에트로대성당에는 수건을 들고 있는 베로니카의 성상이 세워져 있다. 성년에 크로아티아에서 온 어떤 사람은 그 성상을 보고 마음에 새기며 예수 그리스도의 얼굴을 떠올린다. 이 장면에서 단테는 로마의 군중 가운데 베로니카라는 한 사람을 클로즈업하여 예수 그리스도의 진실한 대속의 이미지를 우리 눈앞에 들이댄다. '베로니카Veronica'는 '진실한vero'과 '이미지icona'를 합친 말이다.

지옥과 천국에서 떠올린 키아나강

아마도 단테는 로마에 다녀오는 길에 키아나강을 보았을 것이다. 키아나강은 아펜니노산맥에서 발원하여 토스카나 지역을 가로질러 오르비에토까지 이른 다음 테베레강으로 합류한다. 지도에서 키아나를 찾아보면 '포초델라키아나' '카날레마에스트로델라키아나' '발디키아나'와 같이 '우물pozzo'이나 '수로canale'라는 뜻이 결합된 지명이 눈에 띈다. 키아나강 지대는 지금은 말끔하게 경작지로 개간되었지만, 당시에는 물이 충분하지 않아 흐르지 않고 습지로 변하는 일이 잦았다. 키아나강의 흐름은 인간의 경험 세계에서 연상할 수 있는 가장 느린 속도였을까? 단테는 "다른 모든 하늘을 앞서는 하늘"인 원동천의 회전 속도가 가장 빠르다고 말하기 위하여 키아나강의 흐름을 등장시킨다.

그곳의 별들은 우리의 인지를 훨씬 넘어 빠르게,

키아나의 움직임과 매우 다르게 운행한다.

다른 모든 하늘을 앞서는 하늘은 그렇게 빠르다.

　　—「천국」 13곡 22~24행

　그런데 단테는 지옥의 여덟 번째 고리에 내려갔을 때도 키아나강을 언급한 적이 있다.

7월에서 9월 사이에 발디키아나와

마렘마, 그리고 사르데냐의 병원에서 창궐한

온갖 질병을 합쳐 한 도가니에

몰아넣으면, 그 고통이

이곳과 같을 테니, 여기서 풍기는 악취는

썩어 들어가는 수족에서 나오는 그것이었다.

　　—「지옥」 29곡 46~51행

　위조범을 가둔 말레볼제의 마지막 구렁에서 풍겨 나오는 지독한 악취에서 단테는 발디키아나의 모습을 떠올린다. '발디키아나'는 '키아나의 계곡'이라는 뜻이다. 그 일대에서는 한여름에 고인 물에서 번식하는 모기 때문에 말라리아에 걸린 환자가 엄청나게 발생했고, 이들을 격리 수용하는 병원이 여럿 있었다. 단테는 아마도 그곳 병원에 들러 환자들의 썩어 들어가는 팔다리가 내뿜는 악취를 맡았는지도 모른다. 발디키아나로 부족한지 마렘마와 사르데냐까지 동원한다.

지옥과 천국에서 현세의 같은 장소를 떠올렸다는 점은 아이러니다. 천국에 올라 다시 키아나강이 기억났을 때, 단테는 지옥에서 떠올린 키아나강의 악취를 느꼈을까? 아니면 연옥의 꼭대기에 있는 레테강에 온몸을 담갔을 때, 그 모든 기억을 다 지웠을까? 단테가 레테강을 거쳐 천국에 올라서도 그 이전의 기억을 온전히 유지했음을 생각하면, 키아나를 들어 원동천의 회전 속도를 묘사할 때 거기서 맡았던 악취를 자기도 모르게 떠올렸을 가능성이 크다. 악취를 떠올리며 묘사하는 천국은 그에게 대체 무엇이었을까?

과정으로서의 천국

단테의 평생 화두인 구원은 죽음 이전에 현세에서 우선 이루어야 할 천국과 관련된다. 미완의 인간 삶에서 이룰 천국이란 불완전할 수밖에 없지만, 단테에게 천국은 끊임없이 추구하는 미완의 과정 자체를 의미한다. 그는 천국의 모델을 현실 정치와 사회에서 찾으려 했고, 그것이 불완전할 수밖에 없기에 보완과 발전의 기획을 계속 적용해가려 했다. 피렌체의 산미니아토알몬테성당, 거기에 이르는 계단은 단테의 구원관을 잘 보여준다.

이 성당은 단테 당시에 확장하여 새로 지은 성벽에서도 벗어난 외곽에 위치한다. 산타크로체광장에서 국립도서관 쪽으로 나가면 바로 아르노 강둑이 보인다. 거기서 폰테알레그라치에를 건너면 미켈란젤로광장으로 가는 길이 나온다. 광장에서는 피렌체 시내가 한 눈에 내려다보인다. 하지만 광장에서 약간 오른쪽으로 계단을 더 올라 산미니아토알몬테성당이 언덕 위에 가만히 앉아 있는 모습을 보려는 사람은 별로 없다.

> 잘 통치된 도시를 루바콘테 위에서
> 굽어보는 교회가 자리 잡은
> 산으로 오르자면 그 오른쪽으로
>
> 몹시도 가파른 오르막이
> 문서와 됫박이 확실하던 시대에
> 만들어졌던 계단들로 부서져 있듯이,
> ─「연옥」12곡 100~105행

"문서와 됫박"이란 단테 당시 피렌체를 떠들썩하게 만든 두 건의 사기 사건을 가리킨다. "문서"는 1299년 니콜로 아치아이올리가 발도 디 아굴리오네와 어울려 피렌체시("잘 통치된 도시")의 공문서를 위조한 사건이다. "됫박"은 1283년 키아라몬테시 가문의 두란테라 는 자가 당시 전매품이었던 소금을 피렌체시와 거래할 때에는 저 울로 측정하면서 시민들에게는 됫박을 사용해 양을 속인 사건이다. 따라서 "문서와 됫박이 확실하던 시대"란 피렌체가 이상적인 공동 체를 유지하던 때를 가리킨다. 그렇게 잘 통치된 도시를 아르노강 에 걸린 폰테루바콘테 위편에서 내려다보는 곳이 바로 산미니아토알몬테성당이다.

이곳에 가본 사람이라면 미켈란젤로광장까지 이어지던 가파른 계단이 그 이후로 산미니아토알몬테성당까지 상당히 완만해지는 것을 알고 있으리라. 아마도 그런 경험 위에서 단테는 미켈란젤로 광장으로 이어지던 "몹시도 가파른 오르막"이 이상적인 공동체를 유지하던 시절에 만들어진, 이 성당으로 오르는 계단으로 완만하 게 대체된다고 말한다("부서져 있듯이"). 연옥을 오르는 단테는 바로 그 완만한 계단을 떠올리며 그 경사를 만만하게 느낀다. 그만큼 연 옥에서 상승하는 발걸음은 지옥에서 하강하는 답답한 길(「지옥」 5곡 1~3행)과는 달리 가볍고 희망차다. 상승의 희망은 죄를 씻는 연옥의 본질이고, 하강의 절망은 죗값을 치르는 지옥의 본질이다.

> 아, 그 통로는 지옥의 그것과 얼마나
> 다른가! 이곳에서는 노래로 들어서는데,
> 저 아래에서는 격렬한 통곡 소리로 들어섰으니.
>
> 어느덧 우리는 거룩한 계단을 오르고 있었는데,
> 이전에 평지에 있었을 때보다
> 내 몸이 한층 더 가벼운 느낌이 들었다.
>
> ─「연옥」 12곡 112~117행

정확히 말해 연옥의 단테가 떠올리는 것은 산미니아토알몬테성 당이 아니라 거기로 이르는 계단이다. 바다 위에 뜬 섬이자 산의 형

산미니아토알몬테성당

피렌체의 미켈란젤로광장에서 좀 더 높은 곳에 위치한 산미니아토알몬테성당에 이르는 계단
은 '과정으로서의 천국'이라는 단테의 구원관을 상징적으로 보여준다. 피렌체가 이상적인 공
동체를 유지하던 시절에 만들어진, 이 계단은 『신곡』에서 일곱 개의 둘레 길로 이루어진 연옥
의 계단을 오르며 죄를 씻어내는 과정으로 그려진다.

세를 한 연옥은 일곱 개의 둘레 길로 이루어져 있다. 연옥에 도착한 영혼들은 산을 돌고 돌아 계속 오르면서 죄를 씻어야 한다. 오르는 노동이 죄를 씻는 에너지를 생산한다. 하지만 그 노동은 연옥의 어느 망령에게도 힘들지 않다. 순간적으로 힘든 모습을 보일 수 있지만, 그들은 기꺼이 고통을 감수한다. 고통스러운 노동을 겪고 그 끝에 이르러야만 천국에 오르는 순수한 상태로 거듭날 수 있기 때문이다.

연옥을 오르던 단테가 산미니아토알몬테성당으로 오르는 계단을 떠올린 것은 천국의 희망이 주는 가벼움 때문이다. 단테는 청년 시절 아르노강을 건너면 시작되는 경사지를 천천히 오르고는 했다. 가끔 올려다보면 저 위로 단아한 성당의 파사드가 눈에 들어왔다. 1018년부터 시작하여 거의 200년 동안 지어졌다는 산미니아토알몬테성당은 르네상스 건축의 효시다. 더할 것도 뺄 것도 없는 자기 완결적인 당당한 모습이 르네상스 건축의 특징이지만, 산미니아토알몬테성당은 수줍어 보인다. 그곳에 도달하는 기쁨은 그 수줍은 얼굴과 만나면서 맛볼 수 있는 감정이다. 그것이 단테의 발길을 가볍게 했다. 공정했던 피렌체에 대한 회고는 가벼운 발길에 날개를 달아주었다.

나는 산미니아토알몬테성당의 얼굴을 바라보며 한참을 서 있었고, 그 안에 들어가 또 한참을 앉아 있었다. 그곳은 나를 사로잡았고, 나는 몇 번이고 다시 올랐다. 그러면서 연옥을 오르는 단테를 떠올렸다. 그 앞에 서거나 안에 앉으면 마음이 평안해진다. 마치 죄를 다 씻고 연옥의 꼭대기, 그 지상낙원에 오른 망령이라면 이런 느낌을 갖지 않을까? 그렇게 산미니아토알몬테성당은 지상낙원처럼 아르노강을 내려다보며 그곳에 있다. 거의 1000년 동안이나.

좌절과 추방

연옥을 오르면서 단테는 추방 전에 피렌체에서 공적 가치의 이상을 펼치던 자신의 모습을 떠올렸다. 1294년 3월 5일 피렌체를 방문한 앙주의 샤를 마르텔과의 만남은 단테가 공공 업무에 매력을 느끼게 된 사건이었다. 하지만 단테가 이탈리아의 지도자로 생각한 샤를은 1년 뒤 스물세 살의 꽃다운 나이에 세상을 떠나고 말았다. 그의 죽음은 단테가 직접 공무에 뛰어들어야 한다고 생각한 계기였던 것 같다.

단테는 약제사 조합에 가입했던 1295년 12월 14일에 열두 개의 주요 길드로 구성된 특별 위원회에서 연설했다. 그가 정치 무대에 선을 보인 최초의 기록이다. 이어 이듬해 6월에는 '100인 위원회' 위원이 되어 논쟁과 언변에서 뛰어난 모습을 보이며 널리 인정받기 시작했다. 그의 활동은 1300년 6월 15일 피렌체의 최고위원으로 선출되기까지 꾸준하고 혁혁하게 이어졌다. 최고위원은 카스타냐 탑을 사무실로 썼고, 카피타노델포폴로궁('시민 대표 저택')이라 불리는 관저에 거주했다. 한 명의 최고위원 아래에는 서른여섯 명에서 삼백 명까지로 구성된 위원회가 있었고, 최고위원은 이들의 보좌를 받아 정책을 결정하고 법령을 제정하며 행정을 수행했다. 1301년에는 피렌체의 도로 관리와 보수 책임자로 임명되어 필요한 물자를

단테가 집무실로 썼던 카스타냐탑

공직에 나선 단테는 탁월한 언변과 정치적 수완으로 인정받기 시작하여 피렌체 최고위원의
자리에까지 올랐다. 최고위원은 카스타냐탑에서 집무했고, 카피타노델포폴로궁이라 불리는
관저에 거주했다. 한 명의 최고위원 밑에는 서른여섯 명에서 삼백 명까지로 구성된 위원회가
있었다. 이 시기는 단테 인생의 뾰족한 봉우리와도 같다.

공급하는 업무를 맡았다. 이 업무에는 추방된 귀족들이 도시로 잠입하는 일을 막는 것도 포함되었다.

단테가 공직자로 나선 또 다른 배경으로는 1293년 정치인 자노 델라 벨라가 공적 정의에 관한 법령을 제정한 사건을 꼽을 수 있다. 그 법령은 귀족 가문이나 기득권 세력의 공직 진출을 제한하여 모든 사람에게 평등한 기회를 보장하는 공화정의 이상을 담고 있었다. 하지만 자노 벨라는 1295년에 피렌체에서 추방당했고, 그로부터 2년이 지나지 않아 프랑스에서 세상을 떠났다. 이로써 그를 중심으로 무르익어가던 피렌체의 시민 중심 공화정 체제는 분열되었다. 게다가 1294년 12월 교황에 오른 베네데토 카에타니 추기경이 자노 벨라를 추방하는 데 관여했다는 정황은 그러한 분열이 뿌리 깊고 복잡했음을 보여준다.

카에타니 추기경이 교황 자리를 꿰차며 보니파키우스 8세가 된 과정도 공적 정의와 거리가 멀었다. 카에타니 추기경은 아브루치 산골에 묻혀 지내던 수도사 피에트로 다 모로네를 공석이 된 교황 자리에 앉혔다. 그러나 그렇게 교황이 된 첼레스티노 5세의 공적 업무는 오랜 은둔과 수련 생활에 익숙한 몸으로 견디기 힘든 것이었다. 결국 5개월 만에 교황 자리에서 물러났고, 카에타니 추기경이 뒤를 이었다. 그 뒤에 어떤 음모와 조작이 벌어졌는지는 상상의 차원만이 아니리라.

원만한 공동체를 위해서는 무엇보다 시민이 이루어나가는 공공의 정의가 중요하다고 생각한 단테는 이후 보니파키우스 8세와 끊임없이 충돌했다. 이 충돌은 단테가 당시 권력의 표상이었던 교권에 이의를 제기하고 황제권과 조율을 하려는 가운데 일어났다. 단테의 눈에 교황은 공공의 정의에서 벗어날 뿐만 아니라 권력을 부당하게 탐하는 인물이었다. 교황의 야심은 시민의 공적 권력 수행을 향한 단테의 신념이나 의지와 충돌을 빚을 수밖에 없었다.

보니파키우스 8세가 성년으로 선포한 1300년은 피렌체뿐만 아니라 단테에게도 혼란한 한 해였다. 당시 보니파키우스 8세가 피렌체의 궬피 흑당을 지지한 것은 거의 확실하다. 그는 피렌체의 정쟁을 조정한다는 구실로 추기경 아콰스파르타를 파견했으나, 추기경은 사실상 흑당 편만 드는 바람에 백당의 신임을 잃었다. 백당은 급기야 추기경 암살까지 시도하다 결국에는 그를 추방해버렸다. 그러나 1301년 6월, 교황은 추기경을 다시 피렌체에 파견해 시에나 남쪽 알도브란데스키 가문의 영지를 빼앗기 위한 군사적 협조를 요청했다.

시에나 남쪽 알도브란데스키가 영지의 소유자 마르게리타 델리알도브란데스키는 교황의 조카 고프레도 카에타니와 결혼했다. 그러나 마르게리타는 기질이 자유분방하여 두 번이나 결혼한 전력이 있었고, 넬로와도 연인 관계를 유지하고 있었다(넬로는 아내 피아를 마렘마에 있는 집에서 살해한 장본인이다). 교황은 마르게리타와 조카의 이혼을 주선하고, 마르게리타의 소유지를 직접 관할하고자 한 것이다. 그러나 단테가 보니파키우스 8세의 요청에 대한 논의 자체를 반대하면서 둘의 관계는 틀어지고 말았다.

또 다른 위험 요인은 샤를 드 발루아와 관련된다. 교황은 샤를을 "평화의 중재자"라 부르며 초청하여 피렌체를 자기 세력 아래 두고

단테의 정적, 교황 보니파키우스 8세

단테와 끊임없이 충돌하는 가운데 결국 단테가 망명길에 오르는 데 직접적인 단초가 된 인물이다. 도시 안에서 시민이 만들어가는 공적 정의를 중요하게 생각한 단테의 눈에, 강력한 권력 지향을 보이며 교황권 확대를 위해 골몰하는 보니파키우스 8세는 정당하게 보이지 않았다. 결국 황제권과 교황권을 조율하기 위하여 로마를 방문한 단테는 교황에 의해 억류되고 말았다. 이어 직권 남용에 의한 부정부패 혐의 등으로 기소된 그는 추방 선고를 받으면서 망명 생활이 시작되었다.

자 했다. 이와 관련해 단테는 샤를 세력과의 어떤 타협도 반대한다는 입장을 강력하게 제시했다. 그리고 샤를이 피렌체와 로마의 중간 지점인 피에베성까지 이르자 이에 위협을 느낀 피렌체에서는 단테를 포함한 세 명의 사절단을 로마로 급파하여 교황에게 직접 호소하기로 결정했다. 피렌체는 궬피 흑당에 충성할 것이니, 샤를을 철수시켜달라는 것이었다. 그러나 교황은 단테를 로마에 억류하고 나머지 둘은 돌려보냈다.

1301년 11월 1일, 마침내 샤를은 2000 기마대를 이끌고 피렌체에 진입했다. 이와 함께 최고위원들은 모두 면직되고, 흑당 당원들로 구성된 새로운 위원회가 들어섰다. 이로써 피렌체의 백당 가문들은 1302년 4월까지 피렌체에서 대거 추방되었다.

한편 로마에 억류되어 있던 단테는 1302년 1월 27일에 열린 궐석재판에서 추방 선고를 받았다. 기소 내용은 세 가지였다. 도로 책임 공무원으로서 직권 남용에 의한 부정부패와 재물 강요, 교황의 지원 요청에 대한 반대, 궬피 흑당이 피스토이아에서 축출되는 과정 묵인. 이에 대한 형도 세 가지가 부과되었다. 벌금 5000피오리노, 평생 공직 복귀 불가, 피렌체에서 2년간 추방. 3일 이내 벌금 미납 시 재산 몰수라는 조항도 있었다. 피렌체로 돌아가던 도중 선고 내용을 전해 들은 단테는 피렌체 교외에 머물며 사태를 관망했다. 그러다 같은 해 3월 10일에는 당국에 체포될 경우 화형에 처한다는 추가 판결이 나오고 재산이 압류되자 피렌체 복귀를 일단 포기했다. 이때부터 단테의 망명 생활이 시작되었다.

피렌체의 최고위원으로 활동한 기간은 단테 인생의 뾰족한 봉우리였다. 그야말로 "우리 살아가는 길 반 고비"(「지옥」 1곡 1행)이다. 그때를 기점으로 그의 인생은 걷잡을 수 없는 내리막길로 내달렸다. 그러나 놀랍게도 망명의 고달픈 삶의 어느 지점에서 그는 더욱 드높은 희망을 찾아낸다.

04

우월한 고립의 실현

길 위의 단테

나는 쓸쓸한 유랑자 단테를 떠올리며 그의 발길을 따라다녔다.
서쪽 해안에서 눈물을 삼키고, 사람들과 만나 삶의 의미를 모색하
고, 외교와 행정 사무를 보아주면서 현실과 이상의 거리를 가늠하
고, 틈만 나면 책상 앞에 앉아 글을 써 내려가고, 계속해서 길 위에
섰던 단테. 나도 그러했다. 같은 해안에서 같은 별을 보았고, 사람들
을 만나 단테에 관한 이야기를 나누었으며, 그가 마주했던 현실을
상상하고 이해하려 노력했고, 숙소와 자동차, 식당, 길 어디서든 자
판을 두드렸으며, 계속해서 길로 나가 단테를 만났다. 피렌체에서
사랑에 빠진 문학청년으로 활동하던, 혹은 철학을 공부하고 정치가
와 행정가로서 활약하던 단테보다 피렌체에서 쫓겨나 세상을 떠돌
던 유랑자 단테에게 나는 더 끌렸다.

정처 없는 유랑길에 오른 단테의 마음은 피렌체로 돌아갈 생각으
로 가득했다. 직접 수많은 청원서를 썼고, 그에게 은신처를 제공한

후원자들의 이름을 빌려서 쓰기도 했다. 그러나 이런 공식적 서류로는 그가 느꼈던 심정을 깊이 헤아리기 힘들다. 오히려 그가 쓴 편지들이 당시 상황과 그의 심정을 잘 전해준다. 그는 주변에서 전개되던 정세를 두고 여러 사람들과 편지로 견해를 주고받았으며, 어떤 사안에 대해서는 공개적인 편지로 주장을 피력하기도 했다. 당시 단테가 이탈리아의 정치적 분쟁을 해결할 인물로 기대했던 하인리히 7세에게 보낸 한 편지에서는 자신을 "부당하게 추방된 피렌체인" 또는 "태생으로는 피렌체인이나 행위로는 그렇지 않은 사람"으로 표현했다. 『신곡』의 원래 제목에도 붙인 이런 표현은 피렌체라는 한 특정 공동체에 소속되어 있기도 하고 그렇지 않기도 하다는 그의 이중적 태도를 보여준다.

또 다른 편지(「서간문」 12)에는 자신을 포함한 궬피 백당 추방자들에게 내려진 피렌체의 사면 제안을 단호하게 거절하는 내용이 담겨 있다. 사면을 받기 위해서는 추방의 명목이었던 날조된 내용을 유죄로 시인해야 했다. 게다가 산조반니세례당 앞에 운집한 피렌체 시민들이 지켜보는 가운데 연단에 올라 봉헌식이라는 미명 아래 굴욕적인 의식을 치러야 했다. 그런 일은 범법자들이나 하는 것이었다. 오로지 공공의 이익과 정의를 위해 행동했다고 자부한 단테로서는 엄청난 액수의 벌금은 둘째 치고라도 지극히 수치스러운 제안이었다.

『이탈리아 르네상스의 문화』를 쓴 부르크하르트는 피렌체가 이탈리아 르네상스를 꽃피우기에 이상적인 토대를 형성했다고 말한다. 경제적인 부는 국가를 교회로부터 분리시켰고, 그런 세속적 환경에서 개인의 존재가 떠올랐다. 특히 추방 제도는 망명자가 자기가 속했던 시대와 사회에서 떨어져 나와 객관적 거리를 확보하는 이른바 '비자발적 여유'를 통해 개인으로 자라나는 조건을 부여했다. 망명자는 시대와 사회로부터 거리를 두는 동시에 그것에 관여하는 의식을 늦추지 않았으며, 그런 균형과 조절을 통해 보편적 가치를 생각할 줄 아는 지식인으로 성장할 기회를 만났다. 망명자는 어디서도 이방인이면서 어디서도 이방인이 아니었다. 부르크하르트는 바로 이런 맥락에서 단테를 이해했다. 어쩌면 문학청년 혹은 정치가 단테는 이미 처음부터 망명객 단테로 이어지는 운명의 길을 걷고 있었던 것인지도 모른다.

그는 단순히 돌아가서 소속되는 것이 해결이라는 생각을 버리고 피렌체보다 훨씬 더 넓은 세상으로 눈을 돌렸다. 외롭고 고달픈 나날이 그를 기다리고 있었지만, 그만큼 내면을 들여다보고 세상을 관찰하기에 적절한 환경이기도 했다. 그리고 『신곡』을 완성하며 삶을 다 소진하던 무렵, "다른 목소리와 다른 양털을 입은 시인"으로 돌아가리라는 다짐을 표출했다. 그가 돌아가리라 지목한 "세례의 샘"은 바로 굴욕적 의식을 강요당한 산조반니세례당이었지만, 복귀의 발길은 거기서 끝나지 않았다. 단테는 『신곡』을 비롯하여 『새로운 삶』 등 모든 저작을 유랑 길에서 썼다. 목소리는 깊어졌고 모습은 달라졌다. 복귀의 다짐은 그의 책들이 활발하게 유통되면서 더 넓은 세계로 확장되었다. 피렌체를 위한 공직자의 실천은 인간 전체를 위한 작가의 실천으로 승화되었다.

산고덴초성당의 은밀한 목소리

단테의 유랑 길은 피렌체 동쪽에 위치한 카센티노 지역부터 시작되었다. 서쪽의 피렌체에서 동쪽의 라벤나로 향하는 20년 여정은 단테의 여생과 겹친다. 그는 해가 지는 피렌체에서 태어나 해가 뜨는 라벤나에 묻혔다. 서쪽에서 동쪽으로 향하는 유랑자의 모습은 떠오르는 태양을 염원하는 연옥의 단테와 닮았다. 지금은 국립공원으로 지정된 카센티노 숲이 그 중간에 있다. 피렌체를 떠나 떠돌던 단테는 여러 번 발길을 카센티노로 돌렸다. 나도 단테의 발길을 따라 그 숲으로 자꾸 들어갔다.

1302년 6월, 피렌체에서 동쪽으로 50킬로미터 남짓 떨어진 산고덴초성당에 피렌체에서 추방당한 궬피 백당 열여섯 명과 기벨리니 잔당들이 모여서 피렌체 복귀를 모의했다. 단테 역시 카센티노의 귀디 가문이 제공한 포피성에 숨어 지내면서 이 모의에 참여했다. 전에는 적이었으나 이제는 동지가 된 궬피 백당과 기벨리니의 피렌체 복귀 시도는 결국에는 실패로 끝나고 말았다. 복귀 시도는 이후에도 되풀이되었지만 번번이 무위로 돌아갔다. 하지만 그럴 때마다 세상으로 나아가는 단테의 힘은 커졌다. 그 긴장 속에서 어떤 것에도 소속되지 않으면서 동시에 소속되는 세계시민적 유랑자가 되어 갔다.

현재 거주 인구 1000명 남짓의 산고덴초는 카센티노국립공원에 인접하고 시에베강의 지류가 관류하는 지역이다. 단테가 어린 시절을 보낸 파뇰레를 연상시키는 아름다운 시골이다. 그가 피렌체 복

피렌체 복귀를 도모한 곳, 산고덴초성당

피렌체에서 추방당한 궬피 백당과 기벨리니 잔당들은 1302년 6월, 카센티노 숲 인근에 있는 산고덴초성당에 모여 피렌체로 복귀하려는 계획을 도모했다. 성당 안은 은밀하게 모여 일을 도모하기에 좋을 만큼 어두컴컴하면서도 아늑하다. 그러나 이 계획은 끝내 실패로 돌아갔고, 이제 단테 앞에는 이탈리아 동쪽과 북쪽과 서쪽으로 이어지는 20년 유랑의 생활이 기다리고 있었다.

귀를 위한 비밀 모임에 참가하던 1302년으로부터 무려 717년이 지나서 나는 그곳 조그만 공터 의자에 앉아 파니니를 먹고 있었다. 산고덴초는 그냥 지나칠 수 있을 만큼 조그만 마을이지만, 1021년부터 지은 성당만큼은 당당하고 우람하게 버티고 있다. 성당 벽 높은 곳에는 단테를 기리는 기념비가 붙어 있다. 내부는 아늑하다. 창문이 없는 것도 아닌데 해가 쨍쨍한 한낮에도 어두컴컴하다. 은밀한 목소리는 울림도 없이 어둠 속으로 스며든다. 반란을 꿈꾸는 자들이 모여 앉기에 더없이 좋은 곳이다.

아펜니노산맥의 서쪽에 머무는 동안 단테는 피렌체 복귀의 꿈을 접지 않았다. 이 산맥은 그에게 피렌체에서 보낸 시간과 쌓아온 애정을 떠나보내는 지리적 경계이자 심리적 문턱이었다. 그 너머 동쪽으로는 라벤나를 비롯하여 폴렌타와 포를리가 펼쳐지고, 북쪽으로는 트레비소, 베로나, 파도바, 베네치아와 같은 베네토주의 도시들로 이어지는 유랑의 길이 단테를 기다리고 있었다. 그러나 아펜니노산맥 동쪽 너머는 아드리아해의 찬란한 햇빛이 떠오르는 곳이기도 했다. 햇빛이 있는 한 유랑은 쓸쓸하지만은 않았을 것이다. 눈부신 햇살을 바라보고 선 단테의 모습은 서해안의 황혼을 이고 서 있는 모습과 대조를 이룬다. 베로나와 라벤나처럼 비교적 오랫동안 머물며 집중적으로 글을 쓴 곳이 아펜니노 동쪽에 위치하는 반면, 루니자나 지방처럼 유랑을 거듭한 곳이 그 서쪽에 위치한다는 사실은 우연만은 아닐 것이다. 삶의 마지막에 단테는 해가 떠오르는 곳에서 구원의 유랑 길을 마감했다.

아늑한 카센티노의 숲에서

산고덴초를 지나 본격적으로 들어선 카센티노의 숲은 조용하고 쾌적하다. 더 이상 "어두운 숲"이 아니다. 오히려 어두운 숲에서 헤매던 단테가 언덕 위의 빛나는 별을 향해 나아갈 때 느꼈을 심정을 헤아리게 해준다. 나는 카센티노 숲에서 안전과 위로를 느낀다. 외부와 차단되는 아늑함이 거기에 있다. 산고덴초가 그러하고 카말돌리수도원이 그러하다. 겨울에는 함박눈이 내려 세상의 종말처럼 조용하고, 봄이면 얼음 녹은 개울물이 흐르며, 여름이면 녹음이 우거지고, 가을에는 온통 단풍으로 물든다. 사계의 변화는 『신곡』의 내세 풍경 묘사에서 분주히 모습을 드러낸다. 숲은 단테에게 어둠이면서 또한 은신처였다.

우리 살아가는 길 반 고비에
나는 어느 어두운 숲속에 서 있었네.
곧은길이 사라져버렸기에.

아, 이 거친 숲이 얼마나 가혹하며 완강했는지
얼마나 말하기 힘든 일인가!
생각만 해도 두려움이 새로 솟는구나.
　—「지옥」 1곡 1~6행

여기서 말하는 "어두운 숲"이 그의 실제 경험에서 나왔다면 그

망명의 출발지, 카센티노의 숲
이탈리아를 남북으로 가로지르는 아펜니노산맥 북쪽에 있는 카센티노의 숲은 우거진 나무들로 인해 사람의 발길이 잘 닿지 않아 고대부터 은둔의 장소로 유명했다. 『신곡』 서두에 나오는 '어두운 숲'의 배경이 된 곳도 아마 이곳일 것이다. 본격적인 망명길에 오른 단테는 외부와 차단된 이 숲에서 안정감을 느끼며 외로운 마음을 달랬으리라. 이 숲에서 헤매다 올려다본 창공의 별빛은 구원의 상징처럼 그를 인도했을 것이다.

숲은 어디일까? 망명 초반에 머물렀던 이곳 카센티노가 유력하다. '카센티노casentino'라는 말은 라틴어로 '닫다'라는 뜻의 동사 '클라우데레claudere'에서 나왔다. 온통 수풀과 나무로 우거져 완전히 차폐된, 발길이 닿지 않은, 하지만 미로처럼 얽힌 오솔길들을 통해 쉽게 서로 연결되는, 그래서 자체로 완결된 세계를 이룬 곳이다.

카센티노는 고대 에트루리아 시대부터 은둔의 장소였다. 여기저기 널린 오래된 성채와 수도원이 그것을 증명한다. 『신곡』의 독자는 단테의 '숲'을 혼란과 무질서라는 부정적 의미로 보는 데 익숙하지만, 사실은 처음부터 이중적인 의미가 담겨 있다. 그가 잠에 빠져 헤매던 숲의 부정적 함의는 깊고도 넓지만, "카센티노의 초록 언덕"(「지옥」30곡 64행)이라고 말할 때는 은둔의 부드러운 숲을 떠올려야 한다. 오랜 세월 변함없는 자연은 그곳에 정착한 사람들의 일상 생활과 관습, 믿음과 문화를 받쳐주기 마련이다. 그곳에 들어간 단테는 모종의 안정감을 느꼈을 것이다. 어둠의 은둔처라는 카센티노의 이중성은, 망명 초반 피렌체로 복귀할 생각에 골몰하던 단테에게 길은 반드시 한쪽으로만 열려 있지 않다는 사실을 깨닫게 해주었다.

이런 이중성은 『신곡』에서 '빛'이라는 기본 용어를 통해서도 관찰할 수 있다. 단테가 어두운 숲에서 헤매다 올려다본 언덕 위의 빛은 구원이자 은총의 상징이다. 순례는 그 빛에 도달하는 여정으로 채워진다. 그런데 순례하는 동안 그가 목격한 빛은 별에서 나오기도 하고 피에서 나오기도 한다. 별빛과 핏빛은 그 기원을 공유한다. 금성의 하늘에 오른 단테는 쿠니차로부터 이런 이야기를 듣는다.

리알토와 브렌타 그리고 피아바의 샘들

사이에 자리한 이탈리아의

타락한 땅 저 한쪽 편에는

그리 높지 않은 언덕 하나가 솟아 있는데,

거기서 일찍이 횃불이 내려와

나라에 큰 공격을 가했어요.

나와 그는 하나의 뿌리에서 태어났지요.

난 쿠니차라 불렸고, 여기 이 별의 빛이

나를 압도했기에 여기서 빛을 내고 있어요.

—「천국」9곡 25~33행

"리알토"란 베네치아를, "브렌타 그리고 피아바의 샘들"이란 브렌타강과 피아바강이 연원하는 지역인 트렌토와 카도레를 가리킨다. 단테는 트레비소("타락한 땅")의 위치를 지시하기 위해 베네치아와 트렌토와 카도레를 삼각 측량의 세 꼭짓점으로 잡는다. "언덕"에는 마르카의 영주 에첼리니가의 성이 솟아 있는데, 성이 자리한 언덕은 주변 평지에 비해 겨우 80미터쯤 높다. 가까운 거리에서 가해진 폭정("공격")이 심각했음을 강조한다.

폭정을 가한 "횃불"은 로마노 다 에첼리노 3세를 가리킨다. 냉혈한 독재자였던 그는 폭력의 죄인들을 가둔 지옥의 일곱 번째 고리에서 피의 강물에 잠겨 있다(「지옥」12곡 109~110행). 일설에 의하면, 그의 어머니는 횃불 하나가 온 지역을 태우는 꿈을 꾸고 그를 낳았다고 한다. 태몽은 폭정으로 현실화되었다.

로마노는 단테가 금성의 하늘에서 만난 쿠니차와 남매지간("하나의 뿌리")이다. 둘 다 환한 빛을 내지만, 쿠니차의 빛은 금성의 찬란한 빛인 반면, 로마노의 그것은 지옥의 핏물에 잠긴 붉은빛이다.

단테는 숲이나 빛이라는 말을 숲과 빛이라는 사물에서 가져왔다. 그 말들을 하며 그 사물들을 떠올렸을 것이다. 마찬가지로 독자도 단테의 말이 지니는 이중적 의미를 들추어보려 할 때 우선 그 말이 나온 사물을 떠올려야 한다. 카센티노의 어두운 숲에서 올려다본 밝게 타오르는 금성은 숲과 빛이라는 단테의 기본적인 용어들의 출발점이었다. 사물은 단테에게 반드시 하나의 의미로만 다가오지 않았다. 단테 언어의 이중성은 사물에 대한 다양한 체험에서 나온다. 우리가 단지 숲은 어둠이고 빛은 은총이라는 고정된 의미에 몰두한다면 단테의 언어는 빈약해질 수밖에 없다.

카센티노의 숲은 막 유랑을 시작한 단테의 외로운 마음을 차분하게 위로했다. 나는 그 위로를 느껴보고 싶어 카말돌리수도원을 찾았다. 11세기에 성 로무알도가 세운 이 수도원은 완전한 은둔과 엄격한 금욕의 장소답게 깊숙이 파묻혀 있다. 움직임도 소리도 없다. 이미 저녁 6시가 다 되어가는 시간에 도착한다. 아무도 없다. 장기 피정으로 머무는 사람들과 수도사들이 분명 건물 안에 있을 텐데 전혀 보이지 않는다. 적막이 더 묵직하게 다가온다. 어두컴컴한 성당에 들어가 잠시 앉아보지만 이내 견디지 못하고 나와 더 저물기 전에 부랴부랴 사진을 찍는다.

「천국」에는 '침묵'이라는 단어가 여러 번 등장한다. 인간의 언어

카말돌리수도원

은둔과 금욕의 장소답게 카말돌리수도원은 원시의 카센티노 숲속 깊은 곳에 파묻혀 있다. 베네딕토수도회의 은수자회 수도원으로, 주변에는 침묵만이 교교하게 흐른다. 이 침묵은 바로 단테가 천국에 올랐을 때 불가항력적으로 마주한 것이기도 하다. 바로크 양식으로 지어진 성당 내에는 화가이자 건축가인 조르조 바사리의 작품이 잘 보존되어 있다.

로는 천국을 표현할 수 없어 침묵을 지켜야 하기 때문이다. 초월자 앞에 선 단테의 침묵은 일찌감치 베아트리체에 대한 사랑을 토로하던 청년 시절에 나타났다. 『새로운 삶』에서 그는 이렇게 말한다.

나는 기적처럼 놀라운 환시를 보았다. 이 축복받은 이에 대해 더 훌륭하게 쓸 수 있을 때까지는 더 이상 아무 말도 하지 않기로 결심했다.

—『새로운 삶』 42장

『새로운 삶』을 마치면서 단테는 베아트리체에 대해 더 잘 묘사할 때까지 침묵을 지키기로 결심한다. 하지만 망명을 떠나고 얼마 지나지 않아 『신곡』을 집필하기 시작하면서 침묵을 깬다. 죽음을 넘어선 그곳에서 그의 구원을 이끌고 있는 베아트리체를 마음에 들이면서 이제 무슨 말이든 해야 한다고 생각했을 것이다. 하지만 여전히 주변에는 침묵이 도사린다. 특히 말로 할 수 없는 천국에 올라서는 즉시 불가항력의 침묵과 마주한다. 그런데 이 침묵은 이전에 베아트리체의 죽음과 함께 결심했던 침묵과는 다르다. 젊은 시절의 침묵이 언어의 한계에 사로잡힌 작가의 고백이었다면, 천국에서 마주한 침묵은 초월자의 구원에 참여하는 한층 성숙한 구도자의 방식이다. 그런 침묵을 느끼기 위해 카말돌리수도원만큼 알맞은 곳도 없으리라.

카말돌리수도원에서 나오니 날이 저물고 있었다. 숙소로 돌아와 짐도 풀지 않은 채 주인 마르타와 단테에 관한 이야기를 나누었다. 그녀의 집안은 대대로 그곳에서 살아왔단다. 학교에서 『신곡』을 공부할 때 고향 풍경을 떠올리며 재미있었다고 한다. 갑자기 그녀가 부러워졌다. 그러고 보니 아다모, 로메나, 아르노의 수원지, 브란다 샘, 캄팔디노, 본콘테 등 이 부근과 관련 있는 인명이나 지명이 『신곡』에 은근히 많이 등장한다. 이들 인명이나 지명은, 팔테로나산 정상에서 발원하여 토스카나 지역을 가로질러 피렌체의 젖줄이 되고 리구리아해로 흘러드는 아르노강의 흐름과 직접 얽혀 있다. 『신곡』에서 각별한 의미를 차지하는 이 흐름에 대해 마르타는 살아 있는 지식을 가지고 있었다.

아르노강으로 흘러드는 서늘하고 잔잔한 실개천

카센티노의 정수를 이루는 팔테로나산은 에트루리아 시절부터 '신들의 호수'를 얹고 있다고 알려졌다. 신들의 호수에서 출발하는 아르노강은 카센티노에 이르러 처음으로 대지를 적신다. 단테는 이 강을 무수히 언급했지만, 특히나 이곳 카센티노 남동쪽은 좁은 범위에 집중되어 더욱 생생한 느낌을 준다. 그는 유랑 중에 이곳까지 와서 구체적인 현장을 체험했을 것이다. 나도 이곳에 와서 『신곡』에서 걸어 나와 단테와 함께 거닌다는 느낌을 받았다.

카센티노를 흐르는 서늘하고 잔잔한 시냇물을 보면 지옥에서 영원한 갈증에 시달리는 위폐범 아다모가 떠오른다.

류트 모양으로 생긴 자가 보였는데, 그는
몸이 갈라지는 바로 그곳에서

사타구니가 완전히 잘려나가 있었다.

극심한 수종이 물기를 빨아들인 탓에
기기가 이상하게 뒤틀린 것인데,
얼굴은 그 몸에 어울리지 않았으니,

열병 환자가 그러하듯, 노상 두 입술을
벌리고 있었는데, 갈증으로
하나는 턱으로, 다른 하나는 위로 뒤틀렸더라.

(…)

카센티노의 초록 언덕에서
서늘하고 잔잔한 흐름을 만들면서
아르노강으로 흘러 내려가는 실개천들은

늘 내 앞에 있는데, 속절없으니,
그 이미지가 내 얼굴 살을 뜯어내는
병보다 내 목을 더 태우기 때문이오.

나를 철저히 살피는 엄격한 정의가
내가 죄를 지은 곳을 떠올리게 하여
내 한숨이 더 가빠지도록 만드는구려.

거기가 로메냐, 내가 세례자를 찍은

합금을 위조했던 곳인데, 그 때문에

난 불에 탄 육체를 위에 남겼소.

그러나 내 만일 귀도나 알레산드로, 혹은

그들 형제의 슬픈 영혼을 여기서 본다면,

브란다샘인들 거들떠보지 않으리.

—「지옥」 30곡 49~78행

    살면서 모든 것을 가졌던 아다모는 지금 오직 한 방울의 물을 갈구한다. 그 고통은 고향을 기억하면서 몇 배 커진다. 그는 카센티노의 로메냐라는 곳에 살면서 가짜 피오리노를 만들었다가 1281년에 화형을 당해 죽었다. 그러나 극심한 갈증에 괴로워하면서도 참회하지 않고 죄의 원인을 다른 사람들에게 돌린다. 당시 로메냐에서 힘을 쓰던 귀도, 알레산드로, 아기뇰포("그들 형제")가 자기를 유혹하여 위폐를 만들게 했다고 주장한다. 그들이 고통받는 모습을 보고 싶은 갈망은, 카센티노의 물 또는 저 유명한 브란다샘을 그리워하는 갈증을 이길 정도라고 한다. 그는 모든 것이 시원한 냇물의 이미지와 상반되는 삶을 살았고, 지금도 지옥에서 그렇게 살고 있다.

    로메냐성으로 향한다. 아다모의 거점이었던 로메냐성은 아르노강의 수원지에 위치한다. 아쉽게도 내가 간 화요일에는 성문을 열지 않았다. 브란다샘은 성문 뒤편의 성곽 바로 바깥에 있다고 관광지도에 나온다. 어떻게든 가보려고 관리인의 눈을 피해 담을 넘어

폐허가 되어버린 성 주변의 우거진 수풀을 헤치며 돌아다녔다. 가시에 찔리고 땀을 흘리면서 풀을 잡고 오르내렸지만 끝내 찾지 못했다. 아다모의 갈증이 떠올랐다.

브란다샘은 공교롭게도 이곳 로메나성에서 얼마 떨어지지 않은 시에나의 시내에도 있다. 두 곳 중 어디를 가리키는지 의견이 분분하다. 시에나의 두오모와 캄포광장 사이에 자리한 브란다샘은, 맑기로는 깊이가 도저히 느껴지지 않을 정도이고, 풍부하기로는 지금도 계속 물이 솟아나와 아예 수영장을 이룰 정도다. 아다모의 갈증을 달래기에는 지나치게 웅장하다.

비평가들마다 논의가 분분한 브란다샘의 위치를 놓고 마르타와 나는 역시 이곳 로메나성에 딸린 조그마한 샘을 가리킨다는 데 합의한다. 무엇보다 아다모의 거처 바로 옆에 있고, 수원지라는 이미지는 그 심증을 더하게 한다. 그때 나처럼 땡볕 아래 헤매던 사람이 발견하면 너무나도 반가울 그런 자리, 그런 모양으로 있는 것이 더 적절하리라.

아르노강 수원지에 있는 로메나성
카센티노의 로메나성은, 가짜 피오리노를 만들었다가 화형을 당해 죽은 뒤 지옥에서 영원한 갈증에 시달리는 아다모의 거점이었다. 그는 카센티노에서 흘러 내려온 서늘한 실개천들을 생각할수록 타는 목마름에 더욱 고통스러워한다. 성 뒤편에는 조그마한 브란다샘이 딸려 있다.

역사를 비추는 강

이탈리아라는 유기체를 지탱하는 핏줄처럼 아르노강은 땅을 적시고 그곳에서 벌어지는 역사의 현장을 지켜보며 바다로 흘러든다. 단테는 「연옥」 14곡에서 아르노강에 대해 자세히 언급했다. 단테가 내세에서 만나는 인물들은 지리적인 표현으로 신분과 정체를 드러내는 경우가 많다. 질투의 죄인들이 죄를 씻고 있는 연옥의 두 번째 둘레에서 단테는 라벤나의 기벨리니 당원이었던 귀도 델 두카와, 포를리의 궬피 당원인 리니에리 다 칼볼리를 만난다. 질투의 죄인들답게 그들은 살아 있는 몸으로 연옥을 오르는 단테를 부러워하며 대화를 청한다. 단테는 아르노강을 빌려 자신을 소개한다.

> "팔테로나에서 태어나는 작은 물줄기가
> 토스카나 한가운데를 가로질러 흐르기를
> 백 마일을 가도 충분하지 않은데,
>
> 그 언저리 어디서 이내 몸이 오건만
> 내 이름은 아직 크게 울리지 않으니
> 누구라 말해도 말이 헛될 것이오."
>
> —「연옥」 14곡 16~21행

단테는 팔테로나산 여기저기를 흐르는 냇물이 모이고 모여 아르노강을 이루면서 토스카나 지방을 가로지르기를 100마일이 넘는다고 말한다. 100마일이란 단지 긴 거리를 가리킨다고 보면, 아르노강이 그만큼 길고 넓은 지역을 적시며 흐른다는 의미다. 단테는 피렌체를 "그 언저리"로, 자신을 "이내 몸"으로 표현하며 정체를 밝히기를 꺼리는데, 상대가 질투의 죄인임을 의식하는 듯하다. 하지만 그의 심리에는 피렌체에 대한 자부심뿐만 아니라 혐오도 들어 있다.

> "당신의 뜻을 내가 지성으로 잘
> 헤아렸다면, 당신은 아르노를 말하는군요."
> 먼저 말했던 자가 대답했다.
> ─「연옥」 14곡 22~24행

바로 이어 귀도("먼저 말했던 자")는 단테가 애매하게 묘사한 그곳이 아르노강임을 밝히고, 리니에리("다른 자")는 강 이름을 밝히지 않은 이유를 캐묻는다.

> 다른 자가 그에게 말하기를, "왜 이자는
> 마치 끔찍한 것들을 대하는 사람이라도
> 되는 듯, 그 강의 이름을 숨겼을까?"
> ─「연옥」 14곡 25~27행

여기에서 "끔찍"이라는 말은 상당히 강한 느낌을 준다. 「지옥」에 비해 「연옥」에서 이 말을 훨씬 덜 사용한다는 점을 고려하면, 아르노강에 대한 생각이 퍽 강경함을 알 수 있다.

가장 먼저 끔찍함의 느낌을 주는 것은 '아르노'라는 "이름"이다. 리니에리는 단테가 아르노라는 이름을 발음할 때, 그 말이 담고 있는 역사와 성격을 떠올리고 싶어 하지 않는다고 생각한다. 그의 생각을 이어받아 아르노라는 이름은 없어져야 마땅하다는 귀도의 어조는 꽤나 단호하다. 그것은 뒤이어 길게 묘사하는, 아르노강 유역의 처참하고 비열한 행태를 예고한다.

> "모르겠어. 하지만 그런 계곡의 이름은
> 분명 없어져야 마땅하지.
> 펠로로를 잘려 보낸 높은 산들이
> 몇 군데만 빼고는 그 높이를 따라갈 수 없는,
> 풍부함을 지닌 그 산에서부터 발원하여
>
> 하늘이 바다에서 끌어 올린 물을
> 되돌려서 강으로 흐르게 하는
> 바로 그 지점에 이르기까지,
>
> 장소가 불길해서인지 아니면 나쁜 습관이
> 사람들을 부추겨서인지, 모두가 덕성을
> 뱀이라도 되는 양 원수처럼 피한다네.
>
> 그 처참한 계곡의 주민들은 본성이
> 너무나 바뀌어서, 마치 키르케의

우리에서 빌어먹듯 되어버렸지.

사람이 먹는 어떤 음식보다 도토리가

더 제격인 더러운 돼지들 사이에서

강은 처음부터 초라한 흐름을 시작하는 거야.

그렇게 내려가다가 힘을 행사하기보다

짖는 데 능한 똥개들을 만나는데,

역겨워 그들에게서 코를 비튼다네.

그 저주받은 불길한 고랑은 계속

떨어지면서 더 넓어지는 만큼

개가 늑대로 변한 꼴을 만나게 되고,

음침한 늪들을 더 지나 내려가면서

저들을 잡으려는 어떤 책략도 두려워하지 않는

기만으로 가득 찬 여우들을 만나지."

　　─「연옥」14곡 29~54행

　　펠로로는 이탈리아 반도 남단의 시칠리아섬에 있는 파로곳을 가리킨다. 전설에 의하면 이탈리아 반도와 시칠리아섬이 붙어 있었다고도 하지만, 실제로 두 곳은 메시나해협을 사이에 두고 갈라져 있다. 아펜니노산맥의 여러 산 가운데 높은 편에 속하는 팔테로나산

아레초 인근을 흐르는 아르노강

팔테로나산의 '신들의 호수'에서 출발한 아르노강은 이탈리아 서쪽을 향해 장장 240킬로미터를 달리면서 여러 도시들의 역사와 함께했다. 「연옥」에서 라벤나의 기벨리니 당원이었던 귀도 델 두카는 아르노강을 둘러싼 지역에서 일어난 수많은 전쟁과 분열을 두고 "저주받은 불길한 고랑"이라고 표현하기도 했다.

에는 물이 풍부하다. 거기서 발원한 물이 강을 이루어 리구리아해로 흘러가고, 바다에서 증발한 물은 비로 내려 다시 발원한다. 이렇게 팔테로나산에서 시작한 아르노강이 바다로 흘러드는 경로를 묘사한다.

키르케는 태양의 신 헬리오스의 딸로서, 사람을 짐승으로 바꾸는 힘이 있는 마녀다. 태양은 생산과 수확의 원천이므로 키르케는 세상의 재화를 의미한다. 그런 면에서 위의 내용은 키르케가 음욕 또는 탐욕으로 아르노강 일대의 주민들을 유혹하는 이야기로 읽힌다. 터가 나빠서인지 습관이 잘못된 탓인지 그들은 덕성과 거리가 멀어지고 본성이 바뀌어서 마치 키르케가 짐승으로 만들어 우리에 넣고 키우는 더러운 꼴이 되었다는 뜻이다.

"똥개"라는 원색적 표현은 아레초 사람들을 가리킨다. 물지는 않고 짖기만 하는 비겁한 잡종 개처럼 올바르게 쓸 힘은 없으면서 피렌체에 집요하게 반대하고 대립한다는 뜻이다. 강물은 그런 행태가 역겨워 아레초를 피해 방향을 바꾸는 듯 보인다.

귀도는 아르노강을 둘러싼 지역에서 수많은 전쟁이 일어난 사실을 두고 "저주받은 불길한 고랑"이라고 표현한다. 특히 강을 "고랑"(땅에 파인 골)으로 묘사하여 사람들 사이를 가르는 분열을 연상시킨다. 저주와 불길함을 실은 강물은 아레초("개")에서 피렌체("늑대")로 흐르며 전쟁과 분열이 더욱 심해진다. 강물은 그렇게 흘러가다가 피사에 이르는데, 피사 사람들은 여우로 표현된다(「지옥」 33곡 30행, 78행). 아펜니노산맥에서 피사에 이르는 아르노 강변에 사는 사람들은 귀도의 독설 속에서 돼지, 똥개, 늑대, 여우로 변한다.

사랑의 별 아래에서 언어와 지식과 정치를 논하다

산고덴초를 떠난 단테는 포를리로 가서 약 여섯 달 동안 스카르페타 오르델라피 영주의 보호를 받았다. 거기서 그는 군사와 정치에 관한 자문을 하지만 오래 머물지 않고 곧바로 베로나로 옮겨 갔다. 이후 단테는 그의 또 다른 주요 저작들인 『속어론』 『향연』 『제정론』을 쓰기 시작했는데, 이 저작들의 관계를 살펴보자.

망명 이전에 단테의 언어는 하나였다. "고귀한 속어" 피렌체어는 우수하고 완벽했다. 라틴어를 대체할 정도는 아니어도 그것과 양립할 정도였다. 피렌체의 울타리 안에서 청신체파 활동을 통해 피렌체어를 다듬고 벼리며 정통 이탈리아어를 세우려 했던 단테의 귀에, 거친 광야에서 온갖 잡다한 언어들이 들려오는 광경을 상상해보라. 이제 유랑자 단테 앞에 수도 없이 다양한 속어들이 대결 상대로 등장했다.

『속어론』을 보면 단테는 최소 열네 가지의 속어들을 들어보았고, 이탈리아 반도에 헤아릴 수 없이 다양한 말들이 있으리라 추정하는 대목이 나온다. 과거의 파비아 말은 현재와 완전히 다르고, 동부의 파도바 말은 서부의 피사 말과 다르며, 바로 이웃하는 지역들 사이에서도 언어가 달라지는 현상을 관찰한다.

단테는 이렇게 언어가 시간과 공간에 따라 급격하게 달라지는 이유를 인간이 "대단히 불안정하고 변화하기 쉬운 동물"이기 때문이라고 진단했다. 이 불안정성과 가변성은 고스란히 정치와 경제, 문화의 현실 차원에서 지역, 도시, 계층, 젠더를 가로지르는 경쟁 관계로 나타난다. 경쟁은 패권을 추구하고, 패권은 소통을 가로막거나 일방통행을 강요하며, 소통 불가 상태는 정치, 경제, 문화의 단절로 이어진다. 따라서 단테에게 언어는 문학적 지향이자 이론적 논점인 동시에, 선악을 가르는 도덕의 문제이자 정당한 권력 행사라는 정치 실천의 문제로까지 이어진다. 『속어론』을 『향연』 『제정론』과 연결해서 읽어야 하는 이유다.

단테가 『속어론』을 쓴 것은, 1304년부터 1308년까지 망명 초반에 베네치아, 트레비소, 파도바, 사르차나, 루니자나, 루카를 전전할 때였다. 그 무렵 『향연』도 쓰기 시작했는데, 완성하지 못하고 「지옥」을 쓰기 시작했다. 『제정론』은 훨씬 나중에 썼다. 이렇게 언어와 지식과 권력에 대한 논의는 그가 현실적 실천의 상황에 직면하는 가운데 이루어졌다. 더 이상 피렌체 공동체 건설에 참여할 수 없었던 망명자로서 그는 새로운 실천을 구상해야 했다. 그는 이제 글쓰기를 통한 실천 앞에 서 있었다. 그런 그에게 언어의 문제는 가장 먼저 정리해야 할 사안이었다.

청신체파 활동에서 보았듯이 단테는 이탈리아어를 문학 언어로 선택했다. 문학은 그에게 구원의 통로이고 언어는 그 매개였으니, 문학 언어의 선택은 엄청나게 중요했다. 청신체파 시절 이탈리아어를 세련하는 데 젊음을 바친 단테는, 망명을 떠난 직후에 이를 돌아보며 이탈리아어 선택의 이론적 정당화에 착수했다. 그렇게 나온 것이 『속어론』이다.

언어 분석은 철학서 『향연』에도 나온다. 이 책에서 단테는 망명자의 쓸쓸한 심정을 드러낸다. 돛도 키도 없이 황량한 바람에 밀려

오르비에토대성당의 산브리지오예배당 벽화에 그려진 단테

망명 초반 단테는 베네치아, 파도바, 루니자나 일대를 전전하며 『속어론』을 썼다. 그는 온갖 잡다한 지방어들 중 피렌체어를 정통 이탈리아어로 정립하고자 했고, 이에 대한 이론적 정당화를 『속어론』에서 시도했다. 그 핵심이 '고귀한 속어'라는 용어로 요약된다. 여기에는 더 많은 사람들과의 소통 극대화라는, 지식인으로서의 고민이 배어 있다. 이러한 고민은 그의 또 다른 대표작인 『향연』의 문제의식으로 이어진다.

항구와 해변을 떠도는 배처럼 그는 이탈리아 속어가 퍼진 곳은 거의 다 돌아다녔다고 말한다(『향연』 1권 3장 4~5행). 정처 없는 유랑의 삶에서 그가 부여잡은 것은 이탈리아 속어였다. 망명자로 떠돌면서 그는 이탈리아어의 수많은 변형들을 들을 수 있었다. 그것들을 가로지르면서 그는 자신의 언어를 세워나갔다. 언어를 주조하고 세련하는 일은 그에게 큰 위안이었다. 어느 곳이든 하늘의 별이 빛나는 곳이면 외롭지 않다고 했지만, 정작 그가 하고 싶었던 말은 어느 곳이든 글을 쓸 수만 있다면 행복하다는 심정이었을 것이다.

'향연'은 글자 그대로 사람들이 모여 함께 벌이는 축제다. 『향연』에서 단테가 추구한 것은 지식의 향연이다. 지식을 나누는 자리는 곧 철학이 자리 잡아야 할 곳이다. 이 책에서 단테는 철학자로서의 면모를 유감없이 발휘하는데, 특히 더 많은 사람들이 지식을 향유하게 하는 것이 그에게는 절실했다. 바로 그것이 『향연』을 소수의 언어인 라틴어가 아니라 다중의 언어인 이탈리아 속어로 쓴 이유다.

『속어론』과 『향연』에서 수행한 이론적 천착은 『신곡』에 고스란히 담겼다. 『신곡』에서 묘사된 단테의 순례는 신과 인간이 만나는 과정을 가리킨다. 이 만남은 영적 세계 이전에 우선 물질로 이루어진 이 세상에서 추구해야 할 인간의 과제다. 단테는 언제나 현세적 차원에서 수행해야 할 실천을 생각했다. 그에게 구원이란 무엇보다 이 세상에서 원만하고 정의로운 공동체를 실현하는 것이었다. 인간의 행복은 초월적인 것도 추상적인 것도 아니며, 정치적 현실에서 추구해야 할 지극히 구체적인 무엇이었다.

이런 생각이 그로 하여금 『제정론』을 쓰게 만들었다. 정치에 관한 책이지만, 정치학자라기보다는 철학자의 면모가 더 두드러진다. 세상과 소통하는 도구로 새로운 언어를 벼리고, 세상의 지식을 나누는 자리를 마련한 가운데, 이제 그는 세상을 운영하기 위한 지침을 세우고자 했다. 그 지침은 곧 정치를 가리킨다. 혼란한 정쟁의 한가운데서 일생을 보낸 그에게 정치란 공동체 실현에 필수적인 활동이자 실천이었다. 그는 청신체파의 이상을 실현하기 위해 현실 정치에 자신을 던졌고, 엄청난 성취와 함께 쓰라린 좌절을 맛보았다. 성취는 피렌체에 국한되었지만 좌절은 그를 더욱 보편적인 차원으로 나아가게 해주었다. 망명객으로서 단테는 한 사회와 한 시대에 제한되지 않는, 시공을 초월하는 보편적인 국면에서 인간의 문제를 다루기 시작했다. 그런 면에서 그는 정치의 기반을 이루는 권력의 본질을 꿰뚫어보고자 했다.

당시 권력은 교황과 황제라는 두 구심점을 중심으로 나누어져 있었다. 주변에서 펼쳐지던 극도의 혼란은 성스러운 권력과 세속의 권력이 서로의 영역을 침범했기 때문이라고 단테는 생각했다. 순조로운 정치를 보장하는 보편 권력이란 어떻게 가능한가? 이것이 그의 화두였다면, 그 해결책으로 두 권력이 양의 발굽처럼(「연옥」 10곡 99행) 양립하는 가운데 공동의 목표를 받치는 구도를 제시하고자 했다.

베네치아 부두에서 서늘한 미풍을 맞으며

단테가 망명 시절에 전전한 곳은 주로 피렌체 이북 지역이다. 북동쪽으로는 트레비소, 파도바, 베로나, 베네치아 등 롬바르디아와 베네토 지방을 아우르고, 북서쪽으로는 리구리아 해안 지역이 포함된다. 베로나나 라벤나와 같이 오랫동안 체류한 곳은 시기와 기간이 뚜렷하지만, 다른 곳들은 어디를 먼저 가서 얼마나 체류했는지 정확하게 알려져 있지 않다. 또한 잠시 스쳐간 미지의 장소들도 수없이 많을 것이다.

베네치아는 단테가 카센티노에서 나와 전전하던 망명 초반에 잠시 들른 곳이고, 나중에 라벤나에서 체류하던 당시 외교 사절로 파견된 곳이기도 하다. 이때의 행적은 지옥의 한 장소를 묘사하는 대목에서 엿보인다.

그렇게 다리에서 다리로 건너면서
나의 희극이 노래하려고 하지 않는
다른 것을 이야기하며 꼭대기에 이르렀을 때,

말레볼제의 다른 틈과 또 다른
헛된 통곡을 보고자 멈추었는데,
보이는 것은 참담한 어둠이었다.

그것은 겨울날 베네치아의 부두에서

저들의 성치 못한 배에 덧칠을 하려
끓이는 끈끈한 역청과 같았다.

저들이 배를 못 타기에 그 대신
누구는 새 배를 만들고 누구는
수많은 항해로 생긴 틈을 때우고

누구는 이물을, 누구는 고물을 두드리고
또 누구는 노를 만들고 누구는 닻줄을 꼬고
누구는 주돛과 삼각돛을 기웠다.

그렇게 불이 아니라 하느님의 재주로,
진한 역청이 아래서 끓어올라
구렁의 양 기슭에 들러붙었더라.

—「지옥」 21곡 1~18행

　단테는 지옥의 말레볼제 다섯 번째 구렁에서 성직매매와 공금횡
령의 죄를 짓고 역청을 뒤집어쓴 채 마귀들에게 매를 맞고 있는 죄
인들을 만난다. 단테 자신도 일찍이 궬피 흑당에 의해 공금횡령죄
를 뒤집어쓰고 추방을 당한 터라 그 현장에 유난히 관심을 기울이
며 「지옥」 21곡과 22곡에 걸쳐 길고 자세하게 묘사한다. 활꼴 모양
의 다리 한가운데 높은 곳에서 내려다보는 그의 눈에는 저 아래 바
닥에 자리한 죄인들은 잘 보이지 않고 통곡만 간신히 들려온다. 소

리마저 집어삼키는 그 어두운 바닥에 죄인들이 부글부글 끓는 역청에 잠겨 있다.

해가 쨍쨍한 한낮, 베네치아로 들어가며 그런 단테를 떠올렸다. 「지옥」의 베네치아 부두 묘사는 망명 초반의 방문 경험에서 나온 것으로 보인다(위의 묘사로 보아 첫 방문은 틀림없이 겨울이었을 것이다. 반면 라벤나 외교 사절로 방문했을 때는 세상을 떠나기 바로 전인 1321년 8월에서 9월 사이였다).

1104년경 건설된 베네치아 부두는 당시 지중해를 지배하던 해양 도시의 인프라였다. 그곳에서 배를 만들고 출항했으며, 곳곳을 누비다가 돌아온 선원들은 정비를 받고서 다시 출항 준비를 했다. 단테는 성실하게 일에 몰두하는 베네치아 선원들의 모습을, 직위를 이용해 공금을 횡령하고 불로소득을 얻는 협잡 사기꾼들에 겹쳐본다. 공금횡령이라는 은밀한 거래가 보이지 않게 이루어지듯, 그 역청 속에 잠겨 있는 죄인들의 모습도 잘 보이지 않는다. 다만 "참담한 어둠"만이 보일 뿐이다.

단테가 둘러보았을 아르세날레라 불리는 베네치아 부두는 지금 이탈리아 해군 기지로 사용된다. 출입이 통제되어 부두에는 들어갈 수 없다. 이탈리아 해군은 최고의 시인을 기리기 위해 본부 건물 벽에 단테의 흉상과 설명을 붙여놓았으며, 「지옥」의 해당 구절을 현판에 새겨놓았다. 단테는 그 건물과 상당히 잘 어울린다.

그 너머로는 아드리아해로 나가는 부두가 조금씩 보이는데, 어떻게 더 자세히 볼 수 있을지 뙤약볕 밑에서 고민했다. 그런 내가 말레볼제의 다섯 번째 다리에서 바닥을 내려다보려고 집중하는 단테처

럼 느껴졌다. 그러다 본부 건물로 성큼 들어가 보초병에게 안쪽을 촬영할 수 있느냐고 물어보았다. 그러자 거짓말처럼 그가 해결책을 제시했다. 다른 쪽으로 우회하여 부두 맞은편으로 가면 전체를 조망하고 자유롭게 촬영할 수 있다는 것이었다. 그 맞은편에서는 베네치아 비엔날레가 열리고 있었다. 단테는 어두운 다리 아래를 내려다보려 몸을 내밀다가 떨어질 뻔하는데, 그런 그를 베르길리우스가 잡아준다. 그 보초병이 베르길리우스처럼 느껴졌다.

강렬한 태양 아래 잰걸음으로 비엔날레가 열리는 부두 창고와 하역장으로 향했다. 표를 사서 곧바로 해군 부두가 건너다보이는 곳으로 달려갔다. 단테 당시의 흔적은 어디에도 남아 있지 않지만, 바다와 접하는 부두의 윤곽과 형세를 통해 그곳을 바라다보는 단테의 심정을 느껴보려고 했다. 그러다가 단테 당시는 아니겠지만 상당히 오래전에 건설된 선박 수리 도크를 발견했다. 거기에는 비엔날레의 설치미술 작품이 전시되어 있었다. 그 그늘에 앉아 한참 동안 잔잔한 바다를 바라보았다. 그곳을 가득 채웠을 범선들과, 그것들에 달라붙어 수리에 몰두하는 선원들의 활기찬 모습과 왁자지껄한 소음이 환영처럼 살아났다. 해군 본부 건물에는 바로 그 내용을 담은 문

아르세날레라 불리는 베네치아 부두

단테는 「지옥」에서 진한 역청을 뒤집어쓴 채 마귀들에게 매를 맞고 있는 참담한 죄인들의 모습을 그리면서 망명 초반 어느 겨울에 잠시 들렀던 베네치아 부두를 떠올렸다. 현재 이탈리아 해군 기지로 사용되고 있는 이 부두 건물 벽에는 단테의 흉상과 함께 「지옥」의 해당 구절이 새겨져 있다.

구가 새겨져 있었다. 단테는 이곳에 겨울에 왔고 나는 여름에 왔다. 서늘한 미풍이 불어온다.

조토의 그림에서 단테의 언어로

단테는 망명이 시작된 직후 4~5년 동안 여러 곳을 전전했는데, 파도바도 그중 한 곳이다. 그가 파도바에서 조토의 그림을 본 것은 아마도 1305년쯤이었을 것이다. 「지옥」을 쓰기 시작한 것도 바로 이때다.

조토는 고리대금업자 엔리오 스크로베니의 주문을 받아 스크로베니예배당을 세우고 내부에 그림을 그렸다. 이 예배당을 보기 위해 들른 파도바의 첫인상은 산만했다. 숙소가 기차역 부근에 있었기 때문일까? 역을 지나 예배당까지 한참을 걸었다. 예배당이 위치한 공원은 키 높은 철책으로 에워싸여 있다. 매표소에서 표를 사고 배정된 시간까지 제법 기다려야 한다.

열 명 남짓의 사람들과 함께 안으로 들어갔다. 관람 시간은 엄격하게 15분으로 제한되어 있다. 예배당에 들어서자 〈최후의 심판〉이 한눈에 들어온다. 그림 상단 양쪽의 천사는 천구를 찢어 열어젖히고 있다. 그림을 보자 천국 밖에 위치한 내가 천국이라는 책을 펼쳐 들여다본다는 느낌이 든다. 우연찮게 단테도 천국을 비롯한 우주 전체를 책에 비유한 바 있다. 그림에서 약간 열려진 천구의 모양은 단테가 책의 이미지로 내세운 두루마리를 연상시킨다.

나는 그 깊숙한 곳에서 보았다.

우주를 가로질러 흩어진 것이

한 권의 두루마리 속에 사랑으로 묶인 것을.

―「천국」33곡 85~87행

    조토는 예수의 일대기를 고전적 아치의 구도 속에 표현했다. 이 구도는 예배당 건축의 기본 설계와 내부의 그림들 각각에 스며들고, 그 그림들이 이루는 전체 구조를 받치며, 예배당의 창문과 거기서 비롯되는 조명 효과와 조화를 이룬다. 그의 그림은 그림 자체의 논리에 따르고, 그림과 창문, 그림과 예배당을 연결하는 건축적 구조에 충실하다. 조토는 아시시의 산프란체스코성당에서 대상을 그렸지만, 이곳 스크로베니예배당에서는 궁극적으로 자신을 그렸다. 예배당에 그려놓은 푸른 하늘과 금빛 별마저 조토의 내면이다. 그의 세계를 압축해놓았다. 예배당 전체가 그의 마음이다.

    단테는 조토의 예술적 가치를 침이 마르도록 칭찬했다. 보카치오가 『데카메론』에서 두 사람에 관한 일화를 소개한 바 있듯, 둘은 서로 잘 알고 지냈다. 그들은 대화하면서 서로의 세계를 나누었다. 단테가 조토보다 더 위대하다는 선입견과 다르게 분명 조토의 그림은 단테의 문학에 영감을 주었다. 특히 조토가 스크로베니예배당 내부에 그린 그림이 단테의 내세 상상에 영향을 주었다는 것은 정설이다. 단테의 언어가 보여주는 풍부한 도상성과 조형성, 나아가 문학적 독창성이 조토의 조형적 감각에서 일부 비롯한다는 사실은 참으로 흥미롭다. 조토는 고대 로마부터 내려오는 지적, 미적 전통을 이

단테의 『신곡』 구상에 많은 영향을 준 스크로베니예배당의 벽화

망명 초반기 단테는 파도바에서 머물 때 조토와 함께 지내면서 그의 그림으로부터 많은 영향을 받았다. 특히 예수의 일대기를 고전적 아치의 구도 속에 표현한, 스크로베니예배당의 벽화

는 내세를 상상하는 데 깊은 영감을 주었다. 「지옥」을 쓰기 시작한 것도 바로 이때였다. 단테는 조토를 통해 고대 로마의 감각과 미적 전통을 접했으며, 이것은 그의 글에서 풍부한 도상성과 조형성, 현세주의와 이교도적 경향으로 나타났다.

어받은, 교육을 많이 받은 지식인이었다. 단테의 내세에서 엿보이는 촉각의 효과 또는 물질성에 대한 지각은 로마에서 초기 기독교를 거쳐 조토로 이어지는 유물론적 전통에 기인한다. 사실 문자와 그림의 긴장 관계, 또는 문자의 도상성은 단테 당시 문화에 깊이 뿌리내리고 있었다.

스크로베니예배당 내벽은 대리석으로 마감되어 있는데, 부분부분 각기 다른 대리석이 사용되었다. 대리석을 쓰지 않은 부분은 대리석처럼 보이게 하려고 색을 칠하기도 했다. 그렇게 대리석 본연의 무늬와 색채는 물론 그 물질적 이미지를 살리고자 했다. 연옥에 오른 단테가 대리석에 새겨진 그림을 보면서 촉각의 이미지 또는 질감을 강조하는 것은 스크로베니예배당의 대리석을 직접 본 경험에서 기인한다. 그림을 매개로 문자화된 내세는 단테의 리얼리즘이 단순하지만은 않음을 보여준다. 시각뿐만 아니라 공간의 의미를 문자에 투여하는 것. 이 진술이 조토와 단테의 관계를 압축해서 말해준다. 단테 언어의 공감각성은 조토에게 빚지고 있다.

안개의 옷을 입은 도시, 만토바

파도바에서 불과 한 시간 떨어진 만토바는 단테가 가장 존경했던 로마의 시인 베르길리우스의 고향이다. 단테의 행적과 직접적으로 관련 있는 곳은 아니지만, 충분히 둘러볼 가치가 있다. 이곳 단테광장에는 단테의 전신상이 세워져 있다. 어두운 숲에서 헤매던 단테

앞에 나타난 베르길리우스는 자신을 이렇게 소개한다.

> "사람은 아니나 전에 사람이었다.
> 내 양친은 롬바르디아 사람으로,
> 두 분 모두 만토바 출신이었다."
>
> —「지옥」1곡 67~69행

베르길리우스는 서기 19년에 사망하여 지옥의 림보에 갇혀 있다가 단테의 길잡이로 나타나 1281년 만에 쉰 목소리로 입을 연다. 단테는 「지옥」2곡에서 그 만남을 상세히 소개한다. "사람은 아니나 전에 사람이었다"라는 말에는 지금은 영혼의 상태이나 과거에 육체를 지니고 현세에서 살았음을 전하려는 의도가 담겨 있다. 아울러 지금 육체를 지니고 영혼의 세계를 여행하는 단테의 처지와 대비하는 효과를 낸다.

베르길리우스는 고향이 만토바라고 명확하게 밝힌다. 연옥에서 동향 사람인 소르델로를 만나 얼싸안고 기뻐하는 장면(「연옥」6곡 75행)으로 보아 만토바에 대한 애정이 대단했던 것 같다. 나폴리에 있는 베르길리우스의 무덤에는 이런 비문이 새겨져 있다. "나는 만토바에서 태어났고, 이제 나폴리에 묻혔네." 단테는 그를 만토바의 영혼이라 불렀다.

만토바는 육신과 영혼이 교차하는 신비로운 장소로 느껴진다. 단테는 「지옥」20곡에서 만토바의 신비로운 기원을 묘사한다. 만토는 테베의 장님 예언가인 테이레시아스의 딸로서, 역시 예언가였

만토바의 안개

베네치아 인근에 있는 만토바는 단테의 내세 여행에서 길잡이가 되어준 고대 로마의 시성 베르길리우스의 고향으로, 지금도 그의 영광을 기억하고 있다. 단테는 그를 만토바의 영혼이라고 불렀다. 광대한 평야 지대로서 세 개의 호수로 둘러싸여 있는 이곳에는 안개가 많이 낀다. 그럴 때 이 도시는 육신과 영혼이 교차하는 신비로운 장소처럼 느껴진다.

다. 아버지가 죽은 뒤 트레온의 폭정을 피해 이탈리아로 건너와 긴 유랑 끝에 이곳에 정착했다. 잔인한 처녀 예언가인 만토는 사람들과의 접촉을 피하기 위해 주변 사람들에게 주술을 부려 괴롭히면서 이곳을 늪지로 만들었다. 죽고 난 뒤에는 지옥 말레볼제의 네 번째 구렁에서 예언가 무리에 섞여 머리가 돌아간 채 맴을 도는 벌을 받고 있다. 너무 앞을 보려 해서 머리가 뒤로 돌아간 것이다. 한편 그녀를 두려워하며 흩어졌던 사람들이 돌아와 그녀의 뼈 위에 도시를 세우고 그 이름을 따서 만토바라 불렀다.

만토바는 세 개의 호수에 둘러싸여 있는데, 원래는 네 개였는데, 하나가 15세기경에 매립되었다. 트렌토에서 베로나를 거쳐 흐른 아디제강이 이곳에서 거대한 호수로 변했다가 다시 좁아져서 포강으로 이어진다. 호수와 관련한 단테의 언급에서 눈에 띄는 단어는 늪과 평지다. 베로나에서 만토바, 볼로냐까지 이어지는 일대는 광대한 평지를 이룬다. 평지이니 물이 급하게 흐르지 않고 거의 고이다시피 한다. 그래서 여기저기에 늪이 생겨나는데, 만토바의 늪은 가히 호수라 불릴 만큼 엄청나게 넓다.

베르길리우스상이 세워져 있는 광장은 너무 넓고 거리에는 사람이 없다. 을씨년스러운 느낌마저 든다. 공사 중인 단테광장에서 이상한 느낌은 더욱 증폭된다. 사진 몇 장을 찍고 숙소로 돌아왔다. 여관집 주인이 1000년 되었다고 자랑하던 종탑이 창문으로 바로 보인다. 주위가 적막하다. 숙소에 붙어 있는 인도 식당은 7시에 문을 연다고 한다. 달리 갈 곳이 있는 것도 아니어서 기다리기로 했다. 시간에 맞추어 가니 실내는 만토를 연상시키듯 신비로운 느낌을 준다.

사람들이 제법 모여든다. 그래도 사람이 사는구나. 음식은 괜찮다.

숙소로 돌아온 나는 열 시간을 내리 잤다. 여행 끝 무렵이라 피곤하기도 했지만, 그것만으로는 설명하기 힘든 잠이었다. 아침에 창밖으로 만토의 마술처럼 거대한 안개가 드리워졌다. 나는 마치 만토에게서 탈출하듯 허둥지둥 그곳을 빠져나왔다. 왜 서둘러 떠나고 싶은 마음이 들었는지 나도 모른다. 그 거대한 호수, 평야, 들판, 풀. 그 모두가 안개에 싸여 있었다. 멀리 나무는 안개의 옷을 입은 듯했다. 안개는 볼로냐를 향해 달리는 나를 오랫동안 따라왔다.

학문과 위선의 도시, 볼로냐

피렌체 복귀의 꿈을 접은 뒤 단테는 북동부의 여러 지방을 전전하다가 중부의 볼로냐로 향했다. 내가 볼로냐에 들렀을 때 마침 파란 하늘에 뭉게구름이 떠 있었다. 이것이 중요한 이유는, 볼로냐의 가리센다탑은 흘러가는 구름을 배경으로 올려보아야 하기 때문이다. 두 개로 된 이 탑은 1109년에 볼로냐의 중심에 세워졌다. 단테

볼로냐의 가리센다탑

단테는 젊은 시절에 볼로냐대학에서 잠시 의학을 공부한 것으로 추정되고, 이후 망명 시절에도 북동부의 여러 지방을 전전하다가 볼로냐에서 머물렀다. 볼로냐의 중심에는 두 개로 이루어진 가리센다탑이 기울어진 채 솟아 있는데, 이것은 「지옥」에서 거인 안타이오스의 모습으로 등장한다. 탑과 거인은 자만을 공통분모로 하고 있는데, 이것으로 짐작할 수 있듯이 단테에게 볼로냐는 자만과 위선의 도시였다.

는 자기를 지옥의 밑바닥에 내려놓기 위해 허리를 굽히는 거인 안타이오스의 모습에서 이 탑을 떠올린다. 이것을 세우던 시절의 볼로냐는 전성기를 누리고 있었다. 가리센다탑과 안타이오스는 자만이라는 공통된 함의를 가지고 있다.

안타이오스의 구부린 거대한 몸을 떠올려보자. 초점은 기울기에 있다. 그것은 가리센다탑의 기울기를 연상시킨다. 가리센다탑은 실제로 기울어져 있지만, 어떤 지점에서 올려다보면 그것이 느껴지지 않는다. 기울기의 정도는 한 걸음만 옮겨도 눈에 띄게 변한다. 거기에 구름이 지나가기라도 하면 기울기의 효과는 극대화된다.

가리센다탑은 안타이오스가 몸을 일으키는 장면과 더 잘 겹친다. 단테는 그 장면을 배의 돛대와 비교한다. 돛대는 아마도 그 당시 인간이 만든 가장 높은 구조물 가운데 하나였을 것이다. 구름이 흘러가다 탑에 걸리면 구름 한 조각 떠 있는 맑은 하늘 아래 창창한 바다를 떠가는 배의 돛대가 떠오른다.

기울어진 가리센다탑을 아래에서 올려다보면
그 위에서 지나가는 구름을 반겨
매달리는 것처럼 보이듯이

눈여겨보던 안타이오스가 굽힌 모양도 내게
그렇게 보였으니, 다른 길로 갔으면
하고 바랄 때가 있다면 바로 그때였다.

안타이오스의 구부린 몸

안타이오스는 고대 그리스 신화에서 바다의 신 포세이돈과 땅의 여신 가이아 사이에서 태어난 거인이다. 힘겨루기를 좋아하여 자신의 영역을 지나는 사람들에게 레슬링 시합을 강요하고는 시합에 진 상대를 죽여서 그 뼈를 포세이돈 신전의 지붕을 만드는 데 사용했다고 한다. 『신곡』에서 그는 단테와 베르길리우스를 지옥의 마지막 층에 내려놓기 위해 허리를 굽혔다가 일으키는 거인으로 등장한다.

그러나 이내 배의 돛대처럼 몸을 일으켰다.

—「지옥」31곡 136~145행

단테 당시 궬피가 장악한 볼로냐는 교황권의 영향 아래 있었다.
유럽 최초의 대학이 설립되고 학문 활동이 활발한 곳이었다. 문학
과 예술도 발전하여 귀니첼리와 같은 청신체 시인들을 배출했다.
단테는 젊은 시절 볼로냐대학에서 잠시 의학을 공부한 것으로 추정
된다. 나중에 정치에 입문하던 1295년에 약제사 길드에 가입하게
된 배경이다.

1320년에 볼로냐대학 수사학 교수인 조반니 델 비르질리오가 속
어보다는 라틴어로 쓰라고 격려하면서 단테에게 월계관을 수여하려
초청한 적이 있었다. 이에 대해 단테는 초청을 거절하는 시를 써 보
냈다고 한다. 확인된 사실은 아니지만 충분히 있었을 법한 일화다.

이 일화에서도 짐작할 수 있듯이 단테에게 볼로냐는 위선의 도시
이기도 했다. 그는 위선자들이 납으로 된 금빛 망토를 입고 벌을 받
는 말레볼제의 여섯 번째 구렁에서 볼로냐 출신의 수사인 카탈라노
와 로데린고를 만난다. 둘은 교황 우르바노 4세의 인가 아래 1261년
볼로냐의 일부 시민들이 만든 '영광의동정녀마리아기사단'의 창단
단원이었다. 당시 도시와 도시, 당파와 당파 사이에 일어나던 분쟁
을 중재하고 약자를 보호하기 위해 만든 것이었다. 하지만 규범이
완화되고 기강이 헐거워지면서 이 기사단의 수도사들은 세속적이
고 편안한 생활에 빠져들었고, 그러면서 '향락의 수도사'라 불렸다.
카탈라노와 로데린고는 1266년 베네벤토 전투에서 기벨리니를 완

파하고 피렌체의 장관으로 임명되었는데, 앞에서는 공영을 추구한다고 하면서 뒤에서는 교황 클레멘스 4세가 종용하는 대로 궬피에만 유리하게 이끌었다. 가령 파리나타 가문이 터를 둔 가르딘고에 불을 질러 기벨리니의 가장 강력한 본거지가 사라지게 만들기도 했다. 단테는 비록 두 수사들과 마찬가지로 궬피에 속했지만, 편중된 권력은 공정하지 못하다고 생각했다.

그들이 벌을 받는 곳에 도착하기 전에 단테와 베르길리우스는 마귀 말라코다가 가르쳐주는 길을 따라 왔는데, 그 길이 무너져 있는 것을 보고 베르길리우스는 말라코다에게 속은 자신을 자책한다. 카탈라노는 이렇게 말한다.

"전에 마귀의 나쁜 버릇을

볼로냐에서 들었는데, 그 가운데 들은 것이

그자가 거짓말쟁이, 거짓의 아비라는 것이오."

—「지옥」 23곡 142~144행

자기는 학식의 도시 볼로냐 출신인 만큼 지옥 마귀의 허위에 대해 속속들이 알고 있는데, 베르길리우스는 단순한 거짓말에 속아 넘어갔음을 은근히 비꼬는 분위기다. "거짓말쟁이, 거짓의 아비"라는 표현은 「요한복음」 8장 44절에서 가져온 것으로, 이 점도 카탈라노의 지적 과시를 드러낸다. 단테는 볼로냐가 도덕적으로 퇴락한 도시라고 말하기도 한다(「연옥」 14곡 100행). 볼로냐에 머물 때 단테는 청신체파 시절에 교유한 시인 치노 다 피스토이아를 만났다. 단테는 그와 여러 편의 소네트를 주고받으면서 망명의 소회를 달랬다. 그러다 1306년 치노는 귀환을 허락받고 피스토이아로 떠났고, 그가 없는 볼로냐를 견디기 힘들었는지 단테도 볼로냐를 벗어나 루니자나로 향했다. 나도 여장을 꾸려 루니자나로 따라갔다.

포스디노보성에서 별을 올려다보다

볼로냐에서 떠날 때 숙소 주인은 내가 루니자나로 간다는 말에 "인콘타미나타"라고 툭 던졌다. 때 묻지 않은 곳이라는 뜻이다. 나는 단테가 묘사한 볼로냐의 묘한 위선의 느낌을 뒤로하고 루니자나의 '순수함'을 향해 길을 나섰다. 루니자나의 중심 도시 카라라의 시청 주차장에 차를 댔다. 그리고 카라라미술아카데미 바로 앞에 위치한 서점 겸 독립 출판사에 들러 그곳 루니자나 지방에서 단테를 연구하는 향토학자들에 관한 이야기를 들었다. 서점 사장은 자신들이 출판한 카라라와 단테 관련 책을 선물로 주었다.

단테가 루니자나의 영주인 말라스피나의 보호를 받으며 머물렀던 포스디노보성으로 가는 길은 카라라에서 불과 9킬로미터. 하지만 예상 소요 시간은 30분으로 나왔다. 구불구불한 산길을 가야 한다는 뜻이다. 왼쪽으로는 해안이 드문드문 보였고 오른쪽으로는 산비탈이 이어졌다. 단테도 이 길을 올랐을 것이다. 말을 탔을까, 아니면 걸었을까? 차를 달리는 동안 달리기를 하는 사람 하나, 자전거 타는 사람 둘, 걷는 사람 넷을 보았다. 그들이 신기해 보일 정도로 산은 험하고 깊었다. 그렇게 오래 달린 느낌으로 도착한 성은 두터워 보였다. 오랜 세월이 돌 표면을 까칠하게 파고들어 있었다.

가이드는 친절하고 진지했다. 중앙 홀에는 단테가 이곳 포스디노보와 루니자나에서 남긴 행적을 담은 세 개의 그림이 전시되어 있었다. 가이드는 그 세 그림이 다른 그림들 중앙에 위치한다고 강조했다. 그림 아래에는 단테가 정확히 무엇을 하고 있는 모습인지 설명되어 있었다. 단테는 그곳에서 유능한 외교관이자 중재인이자 조언가였다. 말라스피나 가문이 단테를 1306년부터 1년 동안이나 환대한 이유가 짐작되었다.

하지만 단테가 묵었다는 방은 비좁았다. 거기에는 단테의 흉상이 전시되었다. 벽감에는 예수 그리스도의 그림이 보였는데, 단테가 머무르던 시기 이후에 그려진 것이라고 한다. 책상이나 침대도 나중에 갖다 둔 것이다. 방은 성주가 손님을 맞는 접견실 바로 옆에 위치했다. 아무래도 현실감이 들지 않았다. 정말로 이 방에서 단테가 1년을 보냈을까? 하기야 어디 가도 확실한 것은 없다. 다들 단테에 관해 이야기하기를 좋아한다. 그러니 이 정도의 역사적 사실을 말하려면 이 정도의 물증은 마련되어 있어야 했다. 그 정도가 아닐까?

미리 해둔 루니자나 숙소 예약은 환불 불가였다. 그래도 취소하고 성에서 묵기로 할 만큼 그곳은 대단히 매혹적이었다. 성수인 말라스피나 가문의 역사는 로마가 멸망하던 5세기부터 시작하여 19세기까지 이어졌다. 19세기 이후에는 토르테자노 가문과 합쳐져 토르테자노-말라스피나라는 성으로 지금까지 이어져오고 있다. 작아 보이지만 내부는 오래된 미궁처럼 복잡하고 스산하다. 날이 저물면

루니자나의 포스디노보성에서 내려다본 마을

단테는 루니자나의 영주인 말라스피나의 접대를 받으며 포스디노보성에서 약 1년간 머물렀다. 구불구불한 산길을 한참 올라가야만 있는 이 성에서 단테는 유능한 외교 조언가이자 중재자 역할을 하면서 지냈다. 외진 곳임에도 성내에는 스무 채 정도의 집들이 붙어 있다. 이곳에서 올려다보는 별은 보는 이를 압도한다. 단테가 지옥을 빠져나온 순간에 올려다본 별도 바로 이 성에서 본 것이 아니었을까?

직원은 퇴근하고 투숙객만 남는다고 한다. 나는 직원에게 다른 손님들이 있느냐고 물었다. 다행히 한 쌍이 있다고 했다. 덜 무서울 것 같았다.

성내에는 스무 채 정도의 집이 붙어 있다. 이렇게 외진 곳에 모여 살기도 하는구나. 성의 옥상 정원에서 올려다본 밤하늘은 나를 압도했다. 별이 빛나고 있었다. 오랜만에 보는 별자리를 짚어보았다. 별은 천장에 꽉 붙어 있는 듯 보였다. 거대한 궁륭의 거죽에 누군가 반짝이를 이런저런 모양으로 붙여놓은 것 같았다. 나는 상상의 날개를 펼쳤다.

포스디노보성에서 체류할 당시 단테는 「지옥」을 쓰고 있었을 것이다. 단테가 지옥을 빠져나온 순간 올려다본 별은 바로 그곳에서 접한 것이 아니었을까? 별은 700여 년 전이나 지금이나 변함이 없었다. 단테도 바로 이곳에 올라 머리를 뒤로 젖히고 밤하늘의 별을 올려다보지 않았을까? 거대한 천장이 아주 천천히 우리 머리 위를 도는 그 엄청난 운동을 머리에 떠올리고, 다시 방으로 돌아가 「지옥」을 쓰지 않았을까?

별은 지옥에서 전혀 보이지 않다가(지옥에는 사실 하늘이라는 것이 없으니까) 거기서 빠져나오는 단테와 베르길리우스의 머리 위에서 빛을 발했다. 단테가 상상하는 세계에 등장하는 저 별들은 바로 이곳 포스디보노성에서 올려다보던 것들이다. 멀리 바다 저편으로 해가 지고 황혼이 벌겋게 물든다. 별은 머리 위에서 빛나고, 발치 아래에는 사람들이 산다. 단테는 이 모든 광경을 오랫동안, 자꾸 반복해서, 바라보았다. 해는 언제나 지면서 하늘을 물들였고, 별은 언제나 빛을 냈으며, 사람들은 언제나 살고 있었다.

단테는 『신곡』 세 편의 마지막 문장에 '별stella'이라는 단어를 넣었다. 그의 순례길은 언제나 별을 향한 상승이었다. 그의 성 알리기에리, 그의 사랑, 그의 펜penna 모두 상승의 의미를 담고 있다. 그것은 지옥 밑바닥에 꽁꽁 얼어붙은 부동의 상태와 뚜렷하게 대비를 이룬다.

연옥의 바다에 엎드려

말라스피나는 1306년 4월 12일 루니에 기반을 둔 토호 주교들과 생긴 불화를 중개해달라고 단테에게 요청했다. 단테는 이 일을 계기로 루니자나로 가서 말라스피나 가문의 대접을 받으며 1년 정도 지냈다.

루니자나는 루니, 물라초, 폰트레몰리, 루수올로, 빌프란카와 같은 거점 마을을 중심으로 한 넓은 지역을 가리킨다. 이 일대에서는 말라스피나 가문이 오랫동안 집권하고 있었는데, 그 흔적은 수십 개에 달하는 성으로 남아 있다. 성들은 아직 건재하며, 어떤 곳은 호텔로도 사용된다. 그중 하나에 올라 굽어보는 루니자나의 평야 지대는 애틋하다. 생긴 모양이 그렇고, 겪은 역사가 그러하다. 이렇다 할 뚜렷한 특징이 없이 평범한 듯 펼쳐진 풍경 속에서 얼마나 많은 유혈 충돌이 빚어졌던가.

유럽 본토에서 알프스를 넘어 이탈리아 반도로 남하하는 세력은 주로 아펜니노산맥 서쪽에 위치한 루니자나의 드넓은 평야 지대를 가로질렀고, 그 와중에 수많은 싸움이 벌어졌다. 하지만 루니자나는 영국 캔터베리를 출발해 프랑스와 스위스를 거쳐 이탈리아 아 풀리아 지방의 바리까지 연결되는 평화의 대장정 프란치제나 길Via Francigena의 길목이기도 하다.

말라스피나 가문은 세찬 풍랑 속에서 오랫동안 살아남았고, 단테는 평화의 중재자로서 루니자나의 역사에 한 획을 그었다. 그래서 루니자나 사람들은 그에게 경의를 표한다. 루니자나는 망명객 단테에게 포근하면서도 자부심을 느끼게 해주는 곳이었다.

루니자나에서 머물 때 단테의 눈에 말라스피나의 아내인 알라자데이 피에스키가 들어왔다. 그녀는 교황 하드리아누스 5세의 조카딸이다. 단테는 그녀의 어린 모습을 상상하며 「연옥」에서 매우 간결하고 강렬하게 묘사했다. 단테는 연옥의 다섯 번째 둘레에서 탐욕의 죄를 씻느라 몸과 머리를 땅에 처박고 눈물을 흘리는 영혼들 사이에서 하드리아누스 5세와 마주친다. 교황은 얼굴을 쳐들지 못하는 자세로 단테와 대화를 나눈다. 주로 자신의 사연을 진술하는 내용이다. 그는 우선 자신의 가문을 소개하며 이야기를 시작한다.

"시에스트리와 키아베리 사이로
한 줄기 아름다운 냇물이 흐르는데,
그 이름에서 내 피의 칭호가 유래합니다."
　　　—「연옥」19곡 100~102행

시에스트리와 키아베리는 제노바의 라바냐 백작령에 속한 마을이다. 이탈리아 반도 북서쪽 리구리아 해안에 자리 잡은 제노바는 지중해 세계에서 막강한 영향력을 행사한, 대단히 부유한 도시다. 교황이 "냇물"이라 부르는 것은 제노바를 거쳐 바다로 흘러드는 라바냐강을 가리킨다. 강 이름에서 라바냐('씻다'라는 뜻)라는 가문 이름이 나왔다. 『신곡』에서 특정 장소를 두고 '아름답다'고 묘사한 예는 피렌체의 아르노강(「지옥」 23곡 95행)과 이탈리아 전체(「지옥」 20곡 61행)를 꼽을 수 있다. 단테는 청명하고 잔잔한 이 강을 언제인가 직접 방문하여 눈에 담았을 것이다.

단테는 그 아름다운 강의 이름을 따온 가문과 어울리지 않게 교황 하드리아누스 5세가 탐욕의 죄를 저질렀다고 보았다. 하지만 그와 관련한 역사 기록은 어디서도 찾을 수 없다. 이러한 단테의 입장을 어떻게 해석하고 평가할지 난감하다. 아마도 잘못된 정보 때문이었을 가능성이 크다. 자료의 부족과 부실은 당시 일상적인 일이었으니까 말이다. 하지만 기발한 상상도 떠오른다. 단테는 교황의 조카딸 알라자를 등장시키는 데 전적으로 관심을 쏟지 않았을까? 교황과의 만남이나 그가 들려주는 사연은 알라자의 등장을 위한 배경일 뿐이다. 그만큼 알라자와 관련한 4행의 진술은 『신곡』 전체에서 간결하면서도 매우 강렬한 인상을 남기는 몇 안 되는 대목 가운데 하나다.

단테를 만난 교황이 원하는 것은 오직 하나, 하루라도 빨리 죄를 씻고 천국에 오를 수 있도록 도와달라는 것이다. 이를 위해 중요한 일은 대도代禱, 즉 다른 사람이 대신 해주는 기도다. 대도는 연옥에서의 정죄 기간을 단축하는 가장 효과적인 수단이다. 교황은 단테가 현세("저곳")로 돌아가면 자신의 조카딸을 만나 자신을 위해 대도해주도록 부탁한다.

> "저곳에 알라자라는 이름의 조카가 있소.
> 우리 집안이 그 본보기로 나쁘게
> 만들지 않는다면, 천성이 착한 애요.
>
> 저곳에 오직 그 애만 내게 남아 있다오."
>
> ―「연옥」19곡 142~145행

교황은 조카딸 알라자가 가문의 나쁜 기운을 받지만 않았다면 순수하고 선하게 살고 있으리라 생각한다. 일찍이 교황의 자리까지 오르면서 세상의 모든 권력과 부를 휘두르며 호령했던 과거를 뒤로 하고 이제 그의 곁에는 어린 조카딸만 남아 있다. 단테는 말라스피나의 호의에 감사하면서 알라자에게도 긍정적인 인상을 품었던 것 같다. 그리하여 하드리아누스 5세가 그녀를 최후의 의지처이자 희망의 보루로 삼는 데 부족함이 없다고 여겼을 것이다.

하지만 연옥의 바닥에 엎드려 하염없이 눈물을 쏟으며 이제 의지할 사람이라고는 여리고 착한 조카딸밖에 없다고 고백하는 교황의 처지는 참 쓸쓸하기만 하다. 참회의 눈물로 탐욕의 죄를 씻고 있지만, 자신의 화려했던 과거에 대한 기억도 함께 씻어 내리고 싶으리라. 엄격한 남성 중심의 위계질서 속에서 최고의 자리에 오른 한 사내가 평범한 한 여자에게 의지하는 모습, 그 외로운 처지는 참회의 눈물을 더욱 진하게 만든다.

연옥의 바닷가에서 서성거리다

루니자나 지방은 이탈리아의 서해에 면해 있다. 산이 깎아지른 절벽을 이루며 바다로 떨어져, 간간이 절벽에 터널을 뚫어 일방통행으로 차를 오가게 해야 할 정도다. 그런 절경이 수많은 관광객을 불러 모은다. 망명객 단테는 이곳을 돌아다니며 어느덧 저물어가는 해를 바라보았을 것이다. 나는 그의 쓸쓸한 눈으로 저무는 해를 바라보다가, 그가 상상한 연옥은 어쩌면 황혼에 물드는 이곳 리구리아 해안에서 영감을 받은 것이 아닐까 하는 생각이 들었다.

그러는 동안 우리는 산기슭에 도착했고,
거기서 퍽 가파른 암벽을 발견했는데,
민첩한 다리라도 오를 수 없을 정도였다.

레리치와 투르비아 사이의 가장 황량하고
험준한 산사태라도 그에 비하면
오르기 쉬운 널찍한 계단과 같으리라.
— 「연옥」 3곡 46~51행

레리치와 투르비("투르비아")는 제노바를 중간에 두고 리구리아

해안 양 끝에 위치한다. 깎아지른 산이 바다에 바로 면해 있어서 길이 없던 당시에는 접근하기 어려운 곳이었다. 레리치에서 제노바에 이르기까지는 서쪽 수평선이 바라다보이는 해안이다. 거기서 지는 해를 바라보면 뒤쪽으로는 높은 산이 병풍처럼 둘러쳐져 있어 햇살을 반사한다. 반면 아침에 해가 떠오를 때면 산 그림자가 상당히 늦은 시간까지 남는다. 단테에게 익숙한 토스카나의 황혼 녘 바닷가 풍경이다. 이곳이 절경을 자랑하며 수많은 관광객을 끌어모으는 친퀘테레다.

연옥에 도착한 일행은 문지기 카토가 시키는 대로 바닷가로 내려간다. 거기서 베르길리우스는 단테의 얼굴에 묻은 지옥의 안개를 이슬로 씻어주고 갈대를 꺾어 허리에 매어준다. 이로써 단테는 지옥과 질적으로 다른 연옥을 여행할 준비를 한다. 그들 앞으로 펼쳐진 바다 저편 수평선에서 해가 떠오르고, 그 빛이 인도하는 대로 죄를 씻는 연옥의 현장으로 오를 열의로 충만한 상태일 것이다.

그런데 그들은 망설인다. 마음으로는 갈 길을 가지만 몸은 제자리에 머무는 사람들처럼 그들은 바닷가에 우두커니 서서 움직일 줄 모른다. 연옥이 어떤 곳인가. 죄를 한시라도 빨리 씻어야 천국으로

리구리아 해안의 친퀘테레

단테는 뒤로 높은 산이 병풍처럼 둘러쳐진 리구리아 해안에서 저무는 해를 바라보며 망명객으로서의 회한을 달랬을 것이다. 『신곡』에서 바다 한가운데 자리한 연옥도 바로 이 해안에서 영감을 받은 것이리라. 절벽으로 연결된 다섯 개의 해변 마을인 친퀘테레는 그 빼어난 아름다움으로 유네스코 세계문화유산으로 지정되어 있다.

오를 수 있는 곳이다. 지옥 못지않은 고통을 생각하면 죄를 씻는 시간은 짧으면 짧을수록 좋다. 그런 연옥에 어울리지 않게 순례자 일행은 서성거린다.

하지만 어둠의 지옥을 막 빠져나온 그들에게도 여명을 마음껏 즐길 시간은 필요하리라. 어차피 길 위에 선 나그네이며 타향 사람이 아니던가(『새로운 삶』12장). 그런 그들 앞에 갑자기 연옥의 천사가 나타난다. 천사는 연옥으로 오는 죄인들을 배에 가득 싣고 그들이 있는 해안에 쏜살같이, 눈부시게 하얀 빛처럼 도착한다. 흥미롭게도 단테는 그런 천사의 모습을, 붉은빛을 띠며 서쪽 하늘에 나타나는 화성에 비유한다.

자기 길에 대해 생각하고
마음으로 가지만 몸으로는 머무는 사람들처럼
우리는 아직 바닷가에 남아 있었다.

그런데 보라, 마치 아침이 다가올 때
화성이 서쪽에서 해면 위로 낮게
자욱한 안개를 뚫고 붉게 빛나듯,

바다로 날렵하게 오는 빛이, 다시
볼 수만 있다면, 내 앞에 나타났으니,
어떤 비행도 그 움직임에 견주지 못하리.
—「연옥」2곡 10~18행

화성의 붉은빛은 천사의 하얀빛과 선명한 대조를 이룬다. 동쪽에서 여명에 둘러싸여 눈부신 하얀빛으로 나타나는 천사를 왜 하필 서쪽 황혼의 붉은빛에 비유하고 싶었을까? 단테는 『향연』에서 화성을 음악에 비유한다(『향연』 2권 13장 20~24행). 단테는 이제 곧 배에서 내리는 연옥의 영혼들이 부르게 될, "이스라엘이 이집트에서 나올 때"(『연옥』 2곡 46행)로 시작하는 「시편」 구절을 떠올린 것일까? 어쩌면 단테는 익숙한 리구리아의 해변을 생각했을 수도 있다. 이탈리아 반도의 서쪽 리구리아 해안에 면한 토스카나 출신으로서 해질 녘 바닷가는 낯익은 풍경일 것이다. 황혼을 바라보는 그 자세는 바로 해가 뜨는 동쪽에 등을 지고 있는 모습임을 생각해보자. 단테는 연옥의 동쪽 해안에서 해가 뜨는 현장을 해를 등지고 서서 묘사하고 있었던 것이다.

그것이 서성거린 이유였다. 그는 동쪽의 햇빛으로 곧장 몸을 돌려 나아가지 않는다. 황혼 녘에 집을 나온 사람처럼 갈 길 몰라 서성이기만 한다. 그 서성거림은 현세의 리구리아 해변에 대한 기억으로 채워져 있다. 떠오르는 은총의 빛 앞으로 직접 나아가기보다 그 빛 저편에서 사그라져가는 그늘진 현실로 눈을 돌리던 모습이 투영되어 있다.

연옥의 바닷가에서 서성거리는 단테의 모습은 토스카나 바닷가에서 저무는 해를 바라보는 한 사내의 그림자와 겹친다. 단테의 고조부 카치아귀다는 후손의 망명을 이렇게 예고한다.

남의 빵이 얼마나 짠지,

남의 계단을 오르내리는 일이 얼마나

힘든 것인지 너는 알게 될 것이다.

—「천국」17곡 58~60행

이 구절은 특히 1920년대 일제 강점기의 조선 작가들의 심금을 울렸다. 삼일운동 이후 식민지가 현실로 굳어지는 상황에서 이추강, 변영로, 전영택 등 많은 작가들이 이 구절을 인용하면서 갈 곳 없는 지식인의 처지를 단테와 나누고자 했다. 그들 마음에 스며든 것은 갈 곳 몰라 하던 단테의 외로움이었다.

현세와 내세의 경계에서

풍경을 만나고 사람을 만나고 바람을 만난다. 그렇게 글을 쓰며 나를 들여다본다. 단테가 그렇게 했다. 길 위에 자신을 세워 삶을 채워나가고 글을 썼다. 글은 그를 바람처럼 실어 어디로든 가도록 해주었다. 나는 그를 흉내 내는 자다. 그가 손을 놀려 글을 쓰는 모습을 떠올려본다. 그가 다시 여장을 꾸려 길을 떠나는 뒷모습을 지켜본다.

하지만 황혼은 내 마음의 풍경이며 여행의 동반자다. 단테에게도 그러했을 것이다. 모든 사람들이 잠시 고달픔에서 벗어나 휴식을 취하는 시간에 외로움이 묻은 몸을 이끌고 혼자 길로 나서야 했다. 그때 그는 연민을 예감한다. 지옥과 연옥, 심지어 천국의 영혼들과

리구리아 해안의 황혼 녘

지옥의 영원한 어둠을 막 빠져나와 연옥에 도착한 단테 일행은 이제 죄를 씻어내는 산으로 올라갈 준비를 한다. 그러나 그들은 마음으로는 갈 길을 생각하면서도 몸으로는 머뭇거리며 서성인다. 그 서성거림은 단테에게 익숙한 황혼 녘 리구리아 해안에 대한 기억으로 채워져 있다.

마주치며 맛보게 될 슬픔 말이다. 길은 연민으로 가득 찬다. 가슴에는 연민이 스미고 머리는 판단으로 분주하다. 지옥과 연옥의 영혼이 불쌍하지만 그렇게 된 원인을 잊지 않아야 하고, 천국의 영혼과 더불어 기뻐하지만 그렇게 된 원인도 살펴야 한다. 연민은 그가 길을 찾고 걸으며 모든 것을 기억하겠다는 지성의 책무와 쌍을 이룬다. 그래서 황혼 녘에 나서는 길은 외로움과 걱정거리로 가득하다. 그 길은 20년 동안이나 이어졌다.

길을 걸으며 단테는 혼잣말을 중얼거렸다. 혼자 말을 걸고 혼자 대답했다. 혼자 노래 부르고 혼자 들었다. 혼자 나누는 대화의 상대는 기억이다. 기억이 그에게 말을 걸었기 때문이다. 길을 걷는 동안 기억은 늘 그를 따라다녔다. 길 위 어디서든 서서 기억과 대화를 나누었다. 그리고 그 대화를 받아 적었다.

단테의 유랑은 우리가 시간의 흐름 속에 있음을 상기시킨다. 시간의 흐름은 「지옥」 3곡 첫머리에 등장하는, 지옥의 문에 새겨진 "영원"의 "딱딱함"과 대비된다. 영원이란 시간을 체험하지 못하는 상태이기 때문이다. 그리하여 '영원의 딱딱함'이란 도저히 녹여내기 힘든, 인간의 이해를 초월한 내세의 상징이다.

「지옥」 34곡의 마지막 구절("우리는 별을 다시 보았다")은 지옥의 영원한 어둠에서 벗어나는 단테를 보여준다. 하지만 지옥의 영원한 형벌도, 천국의 영원한 축복도 영원한 것들인 이상 우리 이해의 범위를 넘어선다. 우리는 다만 지옥에서 벗어난 순례자가 밝은 태양 아래 싱그러운 공기를 들이쉬는 광경에 안도할 뿐이다. 그는 영원한 세계를 여행하는 동안 계속해서 시간이 흐르는 현세를 돌이켜

본다. 현세에 남은 나는 그가 자꾸 돌아보던 현세를 둘러보며 그의 내세 순례길을 눈앞에 그려본다. 현세와 내세를 구분하는 아슬아슬한 경계 위에 서는 느낌은 아시시에서 산프란체스코성당을 만났을 때 증폭되었다.

아시시에 도착한 이른 아침, 스산한 바람이 분다. 하층은 로마네스크 양식, 상층은 고딕 양식으로 지어진 산프란체스코성당에 들어서자 우선 엄청난 규모에 놀란다. 관광버스에 실려 온 관광객들이 끝도 없이 밀려든다. 여기저기에서 개인 추도 미사가 열린다.

프란체스코의 무덤은 지하층 안쪽에 자리하고 있다. 천장이 낮고 창문이 없어 차분해진다. 그저 머무를 뿐 또 다른 세상으로 나갈 생각이 들지 않는다. 자기 완결의 세계가 거기에 있다. 기둥 모양을 한 프란체스코의 무덤은 성당 전체를 받치는 듯 보인다. 사람들은 밀려오고 밀려갈 뿐 아무도 입을 열지 않는다. 옷 스치는 소리와 걸음 소리만 들려 이상한 정적이 흐른다.

위로 올라온다. 백합향이 미사에 쓰이는 향과 어우러져 공기를 물들인다. 한쪽에서는 막달라 마리아의 제단이 눈에 들어온다. 거의 사람이 오지 않는 그곳에서 또 시간을 보낸다. 어떤 나이 든 여자가 와서 무릎을 꿇고 기도를 올린다. 〈놀리 메 탄게레〉라고 알려진 반가운 그림도 있다. 이제 나는 육체에 속한 존재가 아니니 나를 건드리지 말라. 막달라 마리아는 성과 속의 경계에서 어쩔 줄을 모른다. 죽음을 이기고 부활한 육체는 기독교에서 영원한 화두다. 단테는 내세 여행에서 언제나 육체성을 염두에 두었고, 나의 여행도 사실은 그의 육체성을 확인하기 위한 것이다. 육체에 속한 존재가 아

아시시의 산프란체스코성당

『신곡』에서 단테는 내세를 여행하는 동안에도 두고 온 현세를 자꾸만 돌아본다. 그러기에 그의 순례길은 현세와 내세를 가르는 경계 위로 나 있는 듯하다. 이런 느낌은 아시시에 있는 산프란체스코성당에서도 받게 된다. 프란체스코는 단테 평생에 걸쳐 영향을 준 인물이다. 움브리아 지역에 대한 단테의 모든 묘사는 프란체스코에 집중된다고 해도 과언이 아니다.

니라고 말하는 예수에게 무릎을 꿇고 손을 내미는 마리아의 모습. 그 손을 내밀기 위해 마리아는 다리와 허리에 힘을 주고 팔을 뻗는다. 그리고 육체의 눈앞에서 희미해져가는 예수를 올려다본다.

위층 벽은 조토의 그림으로 가득 차 있다. 조토는 프란체스코와 예수 그리스도의 일대기를 이 성당 벽에 프레스코 기법으로 그렸다. 그림의 배경은 대개 푸른색이다. 그것이 성당 전체 이미지를 푸르게 만든다. 천장을 채운 푸른 하늘에 금빛 별이 여러 개 찍혀 있다. 마치 해처럼 또렷하다. 단테의 별이 저러했을까? 프란체스코가 생전에 입었다는 옷도 전시되어 있다. 한 층 더 올라가본다. 위층 그림은 아래층의 것에 비해 많이 바랬다. 더 많은 창문으로 더 많은 빛을 쐰 탓이다. 색은 흐려졌지만 힘은 여전히 간직한다. 바랜 하늘색은 나름의 특이한 매력을 풍긴다.

단테는 울적한 아침을 몇 번이나 만났을까? 여행 일정의 3분의 2 정도를 소화한 몸의 피로는 하룻밤 휴식으로 가시지 않는다. 이날 아침은 특히 노곤한 데다, 프란체스코의 무덤과 조토의 푸른색, 백합 향기와 미사 향이 어우러져 기분이 묘해진다. 유랑이 끝나갈 무렵 단테도 그랬을까? 자신의 책무를 다하고자 고달픈 몸과 마음을 추슬렀을 단테를 떠올려본다.

너의 별을 따라가거라

망명 초반에 베로나에 들렀던 단테는 1312년에 다시 그곳을 찾아 칸그란데 델라 스칼라 군주의 보호를 받으며 약 5~6년 동안 체류했다. 이곳에서 단테는 「지옥」과 「연옥」을 완성하고, 「천국」을 쓰기 시작했다. 1315년 6월, 피렌체는 추방자들에게 죄를 인정하는 조건으로 사면령을 내렸다. 이에 단테는 피렌체의 지인(실존 인물인지 가공인물인지는 알 수 없다)에게 보내는 형식의 편지를 공개하며 사면을 받아 피렌체로 복귀한다는 가능성을 경멸과 분노에 찬 어조로 일축했다. 자신의 무죄를 단호하게 주장했고, 그 주장이 받아들여지는 한에서만 자유인의 상태로 복귀하리라는 의지도 분명히 했다. 그러자 피렌체는 단테에게 재차 사형 선고를 내렸다. 이번에는 화형 대신에 참수형으로 바뀌었고, 또한 자식들까지 포함되었다. 죄의 인정을 전제로 하는 피렌체의 사면 제안은 단테에게 아무런 의미가 없었다. 「천국」을 쓰고 있던 그는 이미 피렌체라는 특정 공간을 넘어 보편적 차원의 구원을 구상하고 있었다.

단테는 베로나에 두 번 체류했다. 첫 번째 짧은 체류는 피렌체로 복귀하려는 시도가 실패로 돌아가 본격적인 망명길에 올랐을 때이고, 두 번째의 긴 체류는 『신곡』을 마무리했을 때다. 결국 베로나는 망명의 시작이자 끝이었다. 그에게 망명길은 곧 작가로서의 길이기도 했으니, 베로나는 작가로서의 출발점이자 종착점이기도 했다.

1303년 9월, 세금을 둘러싼 대립 끝에 보니파키우스 8세에게 파문당한 프랑스의 필리프 4세는 로마 동남쪽 아나니에 있는 교황 별궁에 부하들을 보내 교황에게 견디기 힘든 치욕을 안겨주었다. 일명 '아나니 사건'이라 불린 이 일로 인해 화병이 난 교황은 한 달 만에 세상을 떠났다. 단테는 보니파키우스 8세에 대해 비판적이었지

작가로서 출발점이자 종착지였던 베로나

단테가 유랑하며 거쳐 간 곳 중 이탈리아 북부 베네토 지역에 있는 베로나는 라벤나와 더불어 제법 오랫동안 머물렀던 곳이다. 이곳에는 알프스에서 발원한 아디제강이 시가지 북동쪽을 반원으로 감싸며 흐른다. 망명자 단테는 이곳을 두 번 방문했는데, 1312년 두 번째 방문에서 칸그란데 델라 스칼라 군주의 호의 아래 몇 년간 머무르며 「지옥」과 「연옥」을 완성하고 「천국」 집필에 전력을 기울였다.

만, 이 일은 기독교에 대한 공격으로 간주했다(「연옥」 20곡).

한편 보니파키우스 8세가 죽고 베네딕투스 11세가 새 교황에 오르는 일련의 과정은 추방당한 피렌체 궬피의 입장에서는 상황을 만회할 좋은 기회였다. 추방자들은 단테를 베로나에 대표로 파견했다. 당시 베로나의 영주인 바르톨로메오 델라 스칼라의 지원을 받아 피렌체로 진입하려는 구상이었다. 하지만 구상을 실현하지 못하고 아홉 달을 머무는 사이, 1303년 겨울에 바르톨로메오가 세상을 떠났다. 그의 뒤를 이은 동생 알보이노 델라 스칼라와는 뜻이 잘 맞지 않았던 단테는 1304년 봄에 피렌체 진입을 포기하고 베로나를 떠났다.

단테의 망명 초반은 이렇게 정치 환경이 어지럽게 소용돌이치던 시기였다. 단테가 알보이노의 지원을 얻지 못한 채 베로나를 떠나고 베네딕투스 11세와의 협력도 실패로 끝난 것은 피렌체와의 완전한 결별을 뜻했다. 이를 두고 피렌체 궬피 백당 추방자들은 단테를 격렬하게 비난했고, 단테도 그들에게 환멸을 표했다. 피렌체와의 결별은 공직 업무와 정치 활동을 통해 공공의 정의를 실현하려던 기획의 포기로 이어졌다.

이제 홀로서기를 다짐한 단테는 '두란테'라는 이름이 의미하듯 삶을 견뎌야 하는 자신의 운명을 직감했다. 그리고 그 운명을 회피하지 않고 온몸으로 직면하기로 결심했다. 그것은 온전히 혼자만의 대결이었다. 피렌체는 물론이고 어느 도시, 어느 가문, 어느 문화든 집단의 동질성을 굳건히 지키고자 하는 흐름을 거슬러 이질적인 삶을 견딘다는 것은, 그것들과 분리된다기보다 오히려 그것들 모두를 가로지르며 하나의 맥으로 연결하는 동시에 놓아주는 일이었다. 아무도 쉽게 생각할 수 없었던 이 기획을 통해 단테는 스스로 어긋나고자 했고, 그 자신의 주인이고자 했다.

이를 두고 카치아귀다는 "너 자신을 위한 당"이라 불렀다. "너 자신을 위한 당을 만들어두는 것이 너에게 좋으리라."(「천국」 17곡 68~69행) 여기서 '좋다'는 곧 명예를 뜻한다. 단테는 이 문장에 기대어 세상에 휩쓸리거나 타협하거나 파벌을 만들지 않고 스스로 위로와 힘을 얻었다. 스승 라티니가 해준 "너의 별을 따라간다면, 영광의 항구에 실패 없이 도달하리"(「지옥」 15곡 55~57행)라는 조언이나, 마르크스가 『자본론』 서문에서 살짝 비틀어 써넣은 "너의 길을 따르라. 사람들은 말하게 두라"(「연옥」 5곡 13행)라는 베르길리우스의 꾸짖음도 다 같은 맥락이다. 자신의 길을 걷는다는 것은 망명자요 실천적 작가인 단테를 지탱하는 가장 중요한 원리이자 신념이었다.

> "너의 목소리가 처음에는 그 맛이
> 쓸지라도, 소화가 될 때는 장차
> 생명의 양식으로 남게 될 것이니.
> 너의 외침은 마치 바람처럼, 가장 높은
> 꼭대기에서 더욱 흔들리게 되리니,
> 그것은 명예의 적지 않은 증거를 이룬다."
> ─「천국」 17곡 130~135행

카치아귀다는 단테에게 거짓과 일체 타협하지 않고 쓴 목소리를 내라고 말한다. 고난의 길일지라도 미래에 명예로 인정받으리라는 것이다. 생각해보면 고립과 은둔은 단테에게 생명이자 힘이었다. 그는 청신체파 시인으로 "우월한 고립"을 선언하며 세상의 흐름으로부터 거리를 두고자 했다. 그것이 세상을 더 깊고 정확하게 판단하며 더 멀리 뻗어나갈 발판을 마련하는 길이라 여겼다. 이러한 청신체파 시인의 기질은 이제 망명이 시작되었다는 일종의 체념과 더불어, 치욕의 상처를 혼자 치유하며 글쓰기를 통해 세상과 대결하리라는 새로운 다짐으로 나타났다.

「천국」을 칸그란데에게 바치다

단테가 피렌체 복귀의 꿈을 접고 베로나를 떠났을 때 알보이노의 동생 칸그란데는 불과 열세 살이었다. 이후 1312년에 단테는 베로나를 다시 찾아 칸그란데의 절대적인 지원 아래 1317년(또는 1318년)까지 머물며 「천국」집필에 전력을 기울였다. 단테는 칸그란데에게 편지를 보내 『신곡』의 제목과 주제를 설명하면서 「천국」을 바친다고 밝혔다. 칸그란데는 독일 국왕 하인리히 7세의 지원으로 비첸차와 파도바에 대한 영향력을 확보하고, 하인리히 사후에도 계속해서 이탈리아 북부에서 베로나의 세력을 굳혀나가는 데 성공했다. 「천국」 17곡 76~78행에서 단테는 카치아귀다의 입을 빌려 칸그란데가 찬란한 업적을 쌓으리라 예언했다. 이 부분을 쓸 때는 1310년대 후반이었을 텐데, 칸그란데는 아직 서른도 되지 않았을 때다. 이미 이룬 업적과 더불어 앞날이 창창하게 보일 수밖에 없었을 것이

단테를 물심양면으로 지원했던 칸그란데 델라 스칼라의 동상

베로나를 통치했던 델라 스칼라 가문의 군주로, 탁월한 통치력으로 베로나의 전성기를 구가한 인물이다. 또한 단테를 비롯하여 조토, 페트라르카 등 많은 예술가를 후원하기도 했다. 단테는 『신곡』의 마지막 편인 「천국」을 그에게 헌정했다.

다. 칸그란데가 마흔도 되기 전인 1329년에 세상을 떠나리라는 것은 당연히 몰랐을 테지만 말이다.

『신곡』 집필은 단테가 망명을 실질적으로 시작한 시점부터 죽을 때까지 이어졌다. 이런 일반적인 견해와 달리 보카치오는 단테가 망명 이전에 이미 「지옥」 7곡까지 썼는데, 이를 우연히 찾아낸 누군가가 망명 중인 단테에게 전하여 계속 집필을 이어가게 되었다고 말한다. 「지옥」 8곡이 뜬금없이 "나는 계속해서 노래한다"라고 시작하는 이유도 그 때문이라는 것이다. 하지만 내용에 비추어볼 때 『신곡』 집필은 망명과 함께, 그것도 피렌체에서 추방당한 시점보다는 단테가 실질적으로 망명자로 살아가기로 결심한 이후에 쓰기 시작했다고 보는 편이 훨씬 타당하다.

『신곡』 마무리에 대해서도 보카치오는 재미난 이야기를 전한다. 「천국」의 뒷부분인 21~33곡이 단테가 죽으면서 사라졌는데, 그의 아들 야코포가 꿈에서 그 소재를 알게 되고 그것을 찾아내 이미 유통되고 있던 「지옥」 「연옥」과 함께 『신곡』을 완성했다는 이야기다. 소설가 프란체스코 피오레티는 『단테의 비밀 서적』에서 이 이야기를 발전시킨다. 단테의 아들들은 단테가 죽고 나서 몇 년 지나 가족에 대한 금지령이 풀리자 『신곡』 원고를 피렌체로 가져가서 출판한다. 책은 삽시간에 대중의 인기를 얻는다. 아마도 그 유명세는 일찍부터 단테를 신비화하기에 충분할 정도로 컸던 것 같다. 그가 옥스퍼드에서 공부했다느니, 하늘의 거룩한 계시를 받았다느니, 해시시를 피웠다느니 하는 소문이 떠돌았다. 그런 신비화의 분위기를 10대나 20대에 경험했을 수도 있는 보카치오는 단테가 말년에 파리에

갔다고 언급하기도 한다. 보카치오는 단테를 숭배한 만큼이나 또한 신비화하는 데 앞장선 최초의 인물이 아니었을까?

단테는 뛰어난 상상력과 시적 언어의 감각을 지닌 작가였고, 합리적 사고와 역사의식을 소유한 지식인이었다. 또한 세속적 연애 감정과 영원한 사랑의 가치를 연결할 줄 아는 비범한 통찰력을 가진 철학자이자, 세상의 정의를 이론과 실제 양면에서 세우고자 했던 실천가였다. 자기를 둘러싼 세상을 지칠 줄 모르는 관심으로 관찰하여 재현했고, 이치를 통찰하여 체계적 이해에 도달했다. 그는 인간에 대해 품은 한없는 애정과 연민을 고도로 절제된 언어로 담아냈다. 이 모든 면이 그의 내면과 외부 세계의 끊임없는 교류에 실려 유연하게 유지되었다. 따라서 단테의 삶을 제대로 이해하기 위해서는 그의 글에서 내면과 외부의 교류가 어떻게 일어났는지 합리적 추론으로 들여다보아야 한다.

아디제강 가에서

베로나에서 머문 숙소는 아디제강 가에 있었다. 먼저 향한 곳은 산타엘레나성당. 그곳에 가려면 숙소에서 아디제강을 건너야 한다. 다리에서 둘러본 강은 넓고도 세차게 흐른다. 금세 베로나가 마음에 든다. 산타엘레나성당은 소박하다. 단테는 1320년 2월, 이곳에서 그의 마지막 저작일 『땅과 물의 문제』에 대해 강연하고 논쟁을 벌였다. 이 책에서 단테는 자연의 이치를 탐구했다. 특히 중력 현상을 중심으로 땅과 물이 서로 어떤 관계를 맺으며 존재하는지 자연에 대한 세밀한 관찰과 엄밀한 논리적 분석을 펼쳤는데, 자연과학자로서 단테의 또 다른 면모가 드러난다.

서둘러 단테광장으로 걸음을 옮긴다. 광장에서 열렸던 일일 시장이 철시 중이다. 가운데에는 거의 3미터에 달하는 단테의 석상이 서 있다. 조각가 우고 찬노니가 단테 탄생 600주년에 맞추어 1865년 3월 14일에 카라라의 대리석으로 만든 것이다. 엔리코 파치가 만든 피렌체의 석상과 분위기가 비슷하다. 아래에서 위로 찍을 수밖에 없다. 흐린 하늘을 배경으로 한 그 사진은 파란 하늘을 배경으로 찍었던 피렌체의 석상과 대비되면서 망명지의 음울한 느낌을 전해주는 것만 같다.

숙소로 돌아올 무렵에는 날이 이미 저물었다. 아디제강을 건너는 다리 위에서 세차게 흘러 내려가는 물살을 내려다본다. 구슬비가 내린다. 한참을 서 있었다. 강물 소리는 커져만 가고, 밤공기는 차가워진다. 물이 나를 휘감고 흐른다. 여기 어디쯤에서 밤공기 냄새를 맡으며 강물 소리를 들었을 단테가 떠오른다.

아침에 창문을 열자 간밤에 내린 비로 하늘과 공기가 청명했다. 짐을 챙겨 산제노마조레성당으로 향했다. 옆에 자리한 베네딕투스 수도원처럼 산제노마조레성당도 굉장히 크다. 둘 다 베로나의 수호성인 제노(300~371?)를 기려 세운 것이다. 성당 지하실이 로미오와 줄리엣이 몰래 결혼식을 올린 곳이라 더 유명해졌다. 연옥의 네 번째 둘레에 오른 단테는 바르바로사('붉은 수염'이라는 뜻)라 불리는 페데리코 1세 치하 베로나에서 수도원장을 지냈던 게라르도 2세

산제노마조레성당

로마네스크 건축 양식의 흰색 벽돌로 지어진 12세기 건물로, 성당 이름은 베로나의 성인인 제
노에서 따왔다. 「연옥」 18곡에는 단테가 산제노수도원장을 지낸 게라르도 2세를 만난 이야기
가 나온다. 단테는 이 성당의 정문을 장식한 청동 판넬에서 지옥 묘사의 영감을 받았다고도
한다.

를 만난다. 그는 단테에게 수도원이 부패해가는 꼴을 지적한다. 칸 그란데의 아버지 알베르토 델라 스칼라는 자신의 서자인 불구의 주 세페를 1297년에 수도원장 자리에 앉혔다. 모세의 율법에 따르면 불구자는 사제가 될 수 없다. 공정하지 못한 이 처사에 대해 단테는 「연옥」에서 비난을 쏟아낸다(「연옥」 18곡 124~126행). 칸그란데를 비 롯한 베로나의 스칼리제리 가문은 대대로 그에게 환대를 베풀었으 나, 그는 자신의 후원자라도 필요하다면 비판을 주저하지 않았다.

마음과 세계가 통하는 곳

　1318년쯤 베로나를 떠난 단테는 폴렌타 가문의 보호 아래 라벤 나에 머물렀다. 그런 가운데 베로나에 가서 강연을 하기도 하고, 베 네치아에 외교 사절로 파견되기도 했다.

　단테가 라벤나에 머물 때 가끔 들러서 기도를 했던 산도나토사원 은 이 당시 단테의 행적과 관련하여 특별한 영감을 주는 곳이다. 이 곳은 라벤나에서 포를리 쪽으로 약 40킬로미터 가다 한적한 시골 길로 접어들면 나타난다. 단테를 읽는 연인들이라면 찾을 법한 고 전적인 장소다. 낭만적인 고전주의 시인 조수에 카르두치는 이렇게 노래했다. "아마도 여기서 단테가 무릎을 꿇었을까?" 이 말은 사원 전면부에 새겨져 있다. 10세기부터 자리를 지킨 이 사원의 명성은 1897년 「폴렌타의 교회」라는 시를 발표한 카르두치 덕분에 더 높 아졌다. 카르두치는 이 시에서 단테에 대한 귀도 노벨로 다 폴렌타의 호의를 묘사했다.

말라테스타 가문으로 시집가 잘못된 사랑에 빠져든 프란체스카 다 폴렌타 말라테스타는 귀도의 딸이며, 단테를 환대한 귀도 노벨로의 이모였다. 프란체스카는 스무 살에 말라테스타 가문과 정혼하여 리미니로 떠났고, 얼마 뒤 시동생과 불륜의 사랑에 빠지면서 남편에게 살해당하고 말았다. 이때 귀도 노벨로는 열 살이었다. 분명 단테의 기도에는 프란체스카의 존재와 사랑의 화두가 들어 있었으리라.

단테 탄생 700주년을 기념한 현판이 눈에 들어온다. 사원 정문은 굳게 닫혔고 문고리도 없다. 옆으로 돌아가니 두 사람이 간신히 드나들 정도의 작은 문이 있다. 덧문은 열려 있고 안문은 닫혀 있는데, 살며시 손잡이를 돌리니 돌아간다. 내부가 아늑하다. 걸상이 열 줄 정도 늘어섰고, 왼쪽에 방명록이 있다. 이름과 날짜를 적는다. "보물처럼 놓인 이곳에 잠시 마음을 놓고 갑니다." 제단 아래로 또 다른 제단이 있다. 반지하의 납골당이다. 1890년 복원 공사 중 발견되었다고 한다. 두 평이나 될까? 하지만 세상 전체가 그곳에 있다. 마음을 놓기에 좋은 곳이다. 마음과 세계가 통한다. 아마도 단테는 여기서 생각에 잠기고는 했을 것이다.

카르두치는 이를 떠올리며 「폴렌타의 교회」에서 이렇게 표현했다. "그의 아름다운 산조반니는 울고 있었네." 산조반니는 단테가 세례를 받은 곳으로, 그의 내면을 상징한다. 카르두치는 이곳에서 과거를 돌이키며 자신을 위로하는 단테의 모습을 발견한 것일까? 마음을 놓고 쉬기에 적절하다는 느낌은 나와 단테만 받은 것이 아

닌가 보다.

사원 바로 옆에는 자그마한 묘지가 있다. 한 무리의 육체가 영원히 잠들어 있다. 사원이 옆에 있는 한 그들의 잠도 포근하리라. 나는 산 자와 죽은 자의 기억이 교차하는 이곳에 마음을 놓고 간다. 공교롭게 문에는 이곳 주임 신부의 이름으로 결혼식에 대한 안내문이 붙어 있다. 새로운 시작, 탄생과 종말, 죽음이 공존하는 곳이다.

부근은 토스카나 벌판보다 약간 높은 지대라서 사방이 훤하게 트여 있다. 9월 마지막 날. 햇살이 따갑다. 바람이 불어 나뭇가지가 잎과 함께 흔들린다. 펼쳐져 있는 벌판은 정적 속에 놓여 있다. 시인 자코모 레오파르디의 귀에 들려오던, 수풀에 스치는 바람 소리가 떠오른다. 그 소리가 그곳에 있다. 사진을 찍는다. 사진은 대상과 함께 내가 그곳에 있었음을 증명한다. 나는 대상을 보고 대상은 나를 본다. 나는 대상을 카메라에 담아 가져온다. 그리고 내 마음은 거기에 내려놓는다. 그곳은 기억 속에서 살며시 떠오르다 슬며시 사라지고 희미해질 것이다. 숙성되는 기억은 현장에서 막 잡은 날것의 기억과 다르다. 마음의 즙이 스며들어 더욱 부드럽다. 사진은 내 마음이 그곳에 아직 있음을 다시 알려준다. 거기 있음의 실재성과 거기로 다

단테가 라벤나에 머물 때 찾아와 기도했던 산도나토사원
망명 후반기 단테는 폴렌타 가문의 호의를 받으며 라벤나에서 지냈다. 산도나토사원은 당시 그가 종종 들러 기도하던 곳으로, 내부는 마음을 내려놓고 쉬기에 적절할 만큼 아늑하다. 단테의 기도 속에는 폴렌타 영주의 딸 프란체스카라는 존재와 그녀가 남긴 사랑의 화두도 들어 있었으리라. 프란체스카와 시동생 파올로가 나눈 비극적 사랑 이야기는 후대의 많은 예술가들에게 영감을 주어 문학, 그림, 오페라 등으로 표현되었다.

시 돌아감의 내면성은 각각 직관과 기억이라 불린다. 폴렌타의 산도나토수도원 앞에 차를 세우고 내리기 전에 이 글을 쓴다. 대상을 직관하는 만남을 기대하면서, 대상을 떠나 기억에 떠올릴 것을 예감하면서, 그리고 다시 대상으로 돌아올 것을 기대하면서.

자, 이제 또 다른 은둔의 장소로 떠나자. 그 전에 늦은 점심을 먹자. 배가 고프고, 에스프레소 생각이 간절하다. 하지만 주변에는 아무것도 없다. 마침 길을 가던 사람에게 물어보니 근처의 콜리넬로라는 곳까지 가야 한다. 처음 눈에 들어온 식당은 근사했다. 3시가 다 되어가는데도 사람들이 테라스에 놓인 여남은 개의 식탁을 차지하고 있다. 운 좋게 가장자리에 있는 빈 식탁이 눈에 들어왔다. 탁 트인 벌판이 내려다보인다.

어떻게 벌판이 지평선이 길게 보이도록 펼쳐졌을까 하고 조금 이상하게 생각했는데, 저 끝이 바다라고 한다. 라벤나와 리미니가 위치한 이탈리아의 동쪽 해안, 단테가 삶의 마지막을 의지한 곳이다. 그가 망명 초반에 헤매고 다니던 서해안이 깎아지른 절벽과 험한 산세로 이루어진 곳이라면, 이곳 동해안은 구릉 하나 없이 평지가 드넓게 뻗어나간 곳이다.

아펜니노산맥은 우리의 태백산맥과 비슷하게 이탈리아 반도를 남북으로 관통하는 등줄기다. 그러나 태백산맥 동쪽은 급경사를 이루며 바다로 떨어지는 반면, 아펜니노산맥 동쪽은 완만하고 바다까지 이르는 거리도 상당하다. 드넓게 펼쳐진 평야를 가로질러야 아드리아해에 면한 리미니나 라벤나 같은 항구 도시에 닿을 수 있다.

어쩌면 단테를 죽음으로 몰고 간 말라리아도 이 '평지'라는 데서

이탈리아 동쪽 해안의 평야

단테는 평지가 드넓게 펼쳐져 있는 이곳에서 삶의 마지막을 보냈다. 아펜니노산맥을 기준으로 서쪽이 험준한 산세와 닮은 듯 치열한 삶의 현장이었다면, 동쪽은 구릉 하나 없는 완만한 지형처럼 의지의 장소였다.

비롯한 것이 아닐까? 말라리아는 산에서 흘러내리는 물이 아니라 평지에 고인 물에서 생기는 법이니까. 의지하던 지형이 죽음을 안겨주었다. 역설이다. 하지만 은총의 동쪽 끝에서 죽어 묻혔으니, 그 죽음도 결국에는 '의지의 장소'가 아니었을까? 사실 단테가 직접 참전하거나 묘사한 대부분의 '싸움'은 아펜니노산맥 서쪽에서 일어났다.

이런 상념에 잠겨 있던 내 눈에 식당 한쪽 벽을 채운 그림이 들어온다. 활짝 열어둔 문에 가려 잘 보이지 않는다. 주인을 불러 문을 닫아 달라고 한다. 주인은 사진을 찍으려 한다는 것을 대번에 알아차린다. 단테와 카르두치의 모습 아래 「지옥」 5곡과 「폴렌타의 교회」의 구절이 한눈에 드러난다. 프란체스카와 그녀의 시동생이자 연인인 파올로가 책 읽기를 멈추는 장면에 관한 내용이다. "그날 우리는 더 이상 읽지 못했어요."(「지옥」 5곡 138행) 여기까지 듣던 단테는 그들의 비극적 사랑에 정신을 잃고 지옥의 차디찬 바닥에 쓰러진다. 그리고 카르두치는 이렇게 노래한다. "아마도 프란체스카는 불타는 눈길을 여기서 미소로 잠재웠을까?"(「폴렌타의 교회」 중) 카르두치는 역시 이곳 산도나토사원을 단테의 슬픔과 프란체스카의 열정까지 다 내려놓게 하는 곳으로 보았다. 저 멀리 바다 어느 편에 있을 프란체스카의 비극적 사랑의 도시 리미니에 가보고 싶어진다.

라벤나에 묻히다

라벤나에서 보낸 단테 말년의 모습에는 베네치아가 어려 있다.

단테의 마지막 숨결이 배어 있는 곳, 라벤나

라벤나는 이탈리아 북동부 에밀리아로마냐에 있는 고대 도시로, 아드리아해와 면해 있다. 5~6세기에 세워진 많은 성당들과 화려한 모자이크 벽면으로 유명하다. 사진은 라벤나의 중심 광장인 포폴로광장으로, 오래된 역사를 그대로 간직하고 있다. 단테는 라벤나에서 말년을 보내면서 「천국」을 완성하는 한편으로, 베로나에 가서 강연을 하기도 하고, 군주 귀도 노벨로가 파견한 외교 사절단의 일원으로 베네치아에 다녀오기도 했다.

역사가 빌라니에 따르면, 단테는 1321년 여름에 라벤나의 귀도 노벨로가 베네치아로 파견한 사절단으로 갔다가 중간에 말라리아에 걸려 라벤나로 복귀하지만, 병세가 끝내 호전되지 않아 세상을 떠났다.

베네치아는 5~6세기경 고트족, 훈족 같은 북부 이민족의 남하에 맞서 건설되어 비잔티움제국이 라벤나 총독을 통해 운영한 도시였다. 이후 독자적인 성장을 거듭하고 공화국 체제를 갖춤으로써 중세에는 제노바와 함께 유럽에서 가장 강력한 무역 해상 도시로 자라났다. 그 과정에서 주변 도시들과 지역 패권을 놓고 여러 번 충돌했는데, 라벤나도 그중 하나였다.

뛰어난 정치가이자 문학과 예술에 대한 안목이 높았던 계몽 군주 귀도 노벨로가 장악하던 라벤나는 망명객 단테를 최고로 예우하면서 그의 역할을 신뢰했다. 그에 화답하여 단테는 라벤나가 정치적 안정과 외교적 균형, 종교의 권위와 문예의 조화를 이루는 데 기여했다.

사실 베네치아는 단테의 외교 업무에 그다지 호의적이지 않았다. 또한 단테가 라벤나로 돌아갈 때 바닷길보다는 육로를 이용하라고 권했다. 바닷길에서 단테가 라벤나의 해군력에 의지하는 모습이 그렇지 않아도 단테의 뛰어난 언변에 동요하던 베네치아의 여론에 영향을 줄까 염려했던 것 같다. 외교 업무는 1321년 7월 말에서 8월 초까지 진행되었다. 협상이 결렬된 뒤 라벤나 사절단은 한동안 베네치아에 머물렀다. 단테가 말라리아에 걸린 것이 베네치아에 머물 때인지, 라벤나로 돌아가는 길에 코마키오 계곡을 지날 때인지는 확실하지 않다. 어쨌든 단테는 라벤나로 돌아갔고, 8월 말이 지나면서 상태가 급속히 나빠졌다.

사망한 해가 1321년이라는 사실은 의심의 여지가 없다. 하지만 죽은 날짜는 확실하지 않다. 빌라니는 7월이라 하고, 보카치오는 9월이라고 한다(묘비에도 9월로 되어 있다). 9월 며칠인지에 대해서도 의견이 분분하다. 9월 14일이 정설로 굳어졌지만, 묘비에는 9월 13일로 새겨져 있다. 9월 14일 새벽에 임종을 지키던 가족과 친구들이 집을 나와 귀도 노벨로 저택의 문을 두드렸다는 이야기가 있다.

단테가 사망한 뒤 귀도 노벨로는 장례식을 주관하고 단테의 관을 산프란체스코수도원의 산타마리아예배소에 안치했다. 1483년, 라벤나를 관할하는 베네토 지방 행정관 베르나르도 벰보는 산타마리아예배소 수리를 위해 자금을 모으고 당시 유명한 화가인 피에트로 롬바르도에게 단테 얼굴의 대리석 양각을 의뢰했다. 독서대에 팔꿈치를 걸치고 손으로 턱을 괸 채 생각에 잠긴 단테의 모습은 지금 묘소 내부 정면에 붙어 있다. 그리고 앞에 놓인 독서대, 독서대 진열대 속, 옆에 세워진 독서대에 각각 책이 한 권씩 놓여 있다. 아마도 롬바르도는 『신곡』을 구성하는 「지옥」, 「연옥」, 「천국」 세 권을 생각했을까? 단테는 자신의 책을 놓고 생각에 잠겨 있다.

소박해 보이는 외관과 달리 단테의 묘소는 유골의 행방과 관련된 굉장한 역사를 간직하고 있다. 단테가 죽은 지 7년이 지났을 때, 『제정론』을 금서로 지정하고 불에 태웠던 베르트란도 델 포제토 추기경은 단테의 뼈까지 태워 재로 날려버리겠다고 위협했다. 이 와중에 피렌체는 시인의 유해를 돌려달라고 요구했지만 라벤나는 응하지 않았다. 이후 단테의 유해는 거의 200년 동안 산프란체스코수도원 외벽에 붙어 있는 산타마리아예배소의 석관 속에 안치되어 있었다.

1519년, 피렌체는 단테의 유해와 유물을 라벤나로부터 양도받아야 한다는 탄원서를 교황 레온 10세에게 제출했다. 이 탄원서에는 미켈란젤로의 서명도 들어 있었다. 피렌체의 르네상스를 일군 로렌초 데메디치의 아들인 레온 10세는 이 탄원서를 즉각 승인하고, 대표단을 라벤나로 급파했다. 라벤나의 벰보는 이에 대처하기 위하여 단테의 묘지를 산프란체스코수도원 서쪽 옆으로 옮기게 했다. 그 과정에서 프란체스코회 수도사들은 수도원 외벽과 묘지 사이의 벽을 뚫고 석관 일부를 들어내어 단테의 뼈를 빼냈다. 혹시 있을지도 모를 피렌체인의 도굴을 막기 위한 처사였다. 그래서 피렌체인들이 석관을 열었을 때는 안에 아무것도 없었다. 그때 이후로 1865년까지 단테의 묘지 안에 유해는 사실상 없었다. 프란체스코 수도사들은 유해를 단지에 넣어 아무도 모르는 곳에 봉안했다. 거기에서 단테는 1810년까지 300년 동안 평화롭게 잠들어 있었다.

1780년, 교황의 특사였던 루이지 발렌티 곤차가 추기경은 라벤나의 건축가인 카밀로 모리자에게 새로운 단테 묘소 신축을 의뢰했

단테의 묘소

1321년, 단테는 라벤나 사절단으로 베네치아에 갔다가 말라리아에 걸려 끝내 회복하지 못하고 향년 쉰여섯 살로 눈을 감았다. 귀도 노벨로가 장례식을 주관했고, 그의 유골은 산프란체스코수도원의 산타마리아예배소에 안치되었다. 결국 그는 끝내 피렌체로 귀향하지 못하고 영원한 유랑의 아이콘이 되고 말았다. 한편 그의 유골의 행방과 관련된 이야기는 한 편의 영화로 찍어도 좋을 만큼 드라마틱한 사연을 가지고 있다.

다. 그는 신고전주의 양식의 돔 형상을 한 묘소를 완성했다. 그것이 지금 우리가 보는 단테 묘소다.

1810년, 나폴레옹이 이탈리아 반도를 장악하자 수도원이 폐원되었고, 이에 수도사들도 떠나야 했다(그들은 1949년에야 돌아갈 수 있었다). 그들은 단테의 유골을 상자에 넣어 수도원의 한쪽에, 마치 기둥처럼 보이지만 속은 비어 있는 귀퉁이에 감추기로 했다. 그리고 1865년, 바로 거기서 유골이 우연히 다시 발견되었다. 이러는 내내 수백 년 동안 사람들은 단테의 유해가 묘소에 있다고 믿고 있었다.

1865년 단테 탄생 600주년을 기념하여 라벤나는 단테의 묘소, 석관, 부속 지역을 단장하기로 했다. 5월 27일 아침, 벽돌공 피오 펠레티가 수도원의 벽을 수리하다가 우연히 인간의 유골이 담긴 목관을 발견했다. 뉴스는 빠르게 퍼졌고, 사람들이 모여들었다. 경찰이 통제할 수 없을 정도였다. 라벤나는 유골을 수거하여 새로운 관에 넣고 벨벳을 덮은 뒤에 유리로 차단하여 전시하고 참배하도록 했다. 그리고 얼마 뒤에 현재의 장소, 즉 카밀로 모리자가 지은 묘소로 옮겼다.

단테는 사후 세계의 전문가답게 자신의 사후에도 흥미진진한 이야기를 만들어냈다. 단테의 유골을 둘러싸고 700년 동안 이어진 음모, 긴장, 알력, 액션은 한 편의 영화로 찍어도 될 정도다. 그의 유골은 지금의 묘소 안에 있다고 알려져 있으나 누가 알겠는가. 그의 신성한 유골은 안전하게 보관해야 한다고 믿는 세력이 아무도 모르는 비밀스러운 곳에 모셔놓고 있는지도 모르는 일이다.

라벤나는 단테에게 쏠려 있는 인상을 주는 도시다. 단테의 이름이 붙은 식당과 카페가 여기저기 눈에 띄고, 그의 얼굴과 『신곡』의 원래 제목인 '코메디아'라는 단어로 거리와 음식을 단장한 모습도 드물지 않다. 게다가 라벤나가 조직하는 춤, 음악, 연극과 관련한 국제적 규모의 축제에는 단테가 단골로 등장한다. 라벤나는 단테를 무척 자랑스럽게 생각하고 좋아한다. 이 도시는 단테의 마지막 삶을 품어주었고, 700년의 세월 동안 그의 육신을 편안히 쉬게 해주었다. 단테의 끝이 거기에 있다. 라벤나는 단테의 끝을 부여잡고 그를 기념한다.

별을 향해 나아가는 항해

삶의 친근한 동반자

황제는 교황에 복종할 필요가 없다고 주장한 『제정론』은 단테가 죽은 지 7년 만에 볼로냐에서 공개적으로 불에 태워졌다. 필사본 역시 모조리 색출되어 재로 변했고, 단테에게는 이단이라는 낙인이 찍혔다. 라벤나의 산프란체스코수도원에 묻힌 그의 시신을 볼로냐로 가져와 불에 태워야 한다는 주장도 나왔다. 『제정론』을 소유하는 일은 위험해졌다. 그나마 살아남은 『제정론』은 표지에 제목도 저자 이름도 없이 은밀하게 유통되었다. 20세기까지도 이 책은 교황청 금서 목록에서 지워지지 않았다.

직접적으로 주장을 펼친 이론서뿐만 아니라, 상상의 결과물인 창작물도 탄압의 대상이 되었다. 그가 세상을 떠난 지 14년 후인

1335년, 도메니코 교단은 단테라 불리는 사람이 속어로 창작한 『신곡』을 포함한 모든 창작물을 읽거나 소유하지 못하게 했다. 단테는 당시 가톨릭 신앙에 흡수되지 않았다. 그에게 가톨릭 신앙은 삶의 한 방식이자 하나의 권력일 뿐이었다. 단테는 그것과 대척점에 선 세속의 권력을 인정했고, 그럼으로써 교황청과 길항하는 관계에 있었다.

하지만 검열의 대상이었던 책이 유례없는 베스트셀러가 된 것은 역설이다. 제프리 초서의 『캔터베리 이야기』 필사본이 80여 종인데 비해 『신곡』 필사본은 800종이 넘는다. 『성서』에 이어 두 번째로 많다. 당시에는 물론 지금도 어려운 작품임에도 불구하고 널리 읽힌다. 고뇌하고 외로워하다 다시 일어서는 한 사람의 기록에서 우리는 삶의 친근한 동반자를 만난다.

단테가 참 오래전 사람이라는 사실을 새삼 느낀다. 그러니 그의 사연이 깃들어 있는 곳은 다 오래된 곳이다. 돌과 풀, 그것들을 비추는 햇살까지도 오래되었다. 그것들을 바라보는 내 시선도 오래되었다. 오래된 영혼, 오래된 목소리. 단테도 그런 이야기를 했다. 자기 앞에 나타난 베르길리우스더러 "오래된 영혼"이라 불렀다. 이제 그 자신이 오래된 영혼이 되었다. 그 영혼은 오랜 세월 동안 묽어져서 더 가볍고 옅게 여기저기에 스며들었다.

망명이라는 사건은 단테에게 너무나도 고통스러운 불운이었겠지만, 세상을 널리 겪고 차분하게 생각에 잠겨 글을 쓸 수 있는 좋은 기회이기도 했다. 그는 감시와 추적을 피해 안전이 보장되는 곳을 찾아 전전했다. 『신곡』에서 지옥, 연옥, 천국으로 이루어진 내세를 돌아보는 순례자 단테는, 길 위에 선 유랑자 단테의 자전적 비유였다. 그는 이탈리아 반도를 정처 없이 떠돌며 눈으로 본 풍경을 내세를 묘사하는 데 고스란히 사용했다. 비평가 에리히 아우어바흐는 『신곡』은 내세에 대한 이야기이면서도 현세의 핵심을 놀랍도록 잘 간직하고 재현했다고 말한다. 그런 관찰은 바로 『신곡』이 단테의 자서전적 체험의 비유라는 점과 관련된다.

베아트리체를 사랑하고 떠나보내고, 『새로운 삶』과 함께 그 죽음을 애도하고, 공부에 전념하다 정치 일선에 뛰어들었던 인생의 전반부는 사실상 망명의 준비 기간이었다. 과거가 미래를 생산하기보다 미래가 과거를 예인하는 구도를 통해 우리는 단테의 생애를 떠받치고 있는 기본 윤곽을 더 잘 그려볼 수 있다. 망명 이전의 모든 경험과 사건은 망명으로 수렴되고 있었다. 단테의 문학과 삶은 망명과 함께 활짝 피어났다. 망명은 오히려 축복이었다.

지옥에서 출발해 연옥을 거쳐 천국에 이르는 여행이라 해서 천국이 궁극의 도달점인 것은 아니다. 단테는 천국에서 돌아와 이곳 현세의 삶 가운데서 여행을 기억하며 글을 쓴다. 그리고 독자와 함께 다시 내세로 떠날 준비를 한다. 마치 끝없는 윤회의 고리처럼 보인다. 여행은 섭리가 이끄는 대신 의지로 이어진다. 절대자를 향해 매진하는 빛나는 성취의 길이 아니라, 그 매진하는 과정을 견디는 인간의 연민에 찬 길이다. 우리는 그 길에서 힘들고 외로운 단테를 만나 그의 마음을 나눈다.

어두운 숲과 별 사이에서

단테는 어두운 숲에서 헤매다가 언덕 위에서 빛나는 별을 바라보며 어둠에서 벗어날 희망을 품는다. 별은 그에게 희망이며 길이다. 그의 삶은 별을 향해 나아가는 항해였다. 하지만 별은 정해져 있는 무엇이라기보다 단테가 스스로에게 물어가며 떠올린 자신의 표지판이었다. 별은 그가 고개를 들어 바라보는 한, 그 방향으로 나아가는 한, 같은 자리에서 빛나고 있다. 별이 빛을 내는 한 그는 눈을 감지 않고 걸음을 멈추지 않을 것이다. 그러니 별은 곧 그의 존재 이유이며, 거꾸로 그도 별이 빛을 내는 이유가 된다.

그해 겨울 나는 피렌체 소재 하버드르네상스연구소에 체류하고 있었다. 연구소는 피에솔레 언덕에 있었고, 농가를 개량한 부속 숙소는 연구소에서 2킬로미터가량 떨어진 또 다른 언덕에 있었다. 숙소에 돌아가면 별 할 일이 없으니 연구소에 늦게까지 머물 때가 많았다. 겨울밤은 일찍 찾아왔다. 숙소로 돌아가는, 밋밋한 구릉으로 이어지는 길에는 가로등은커녕 먼 인가의 불빛 하나 깜박이지 않았다. 사람들은 어둠 속에서 멧돼지 떼를 만날 수도 있다고 했다. 어둠 속에서 번득일 빨간 눈들을 떠올리니 적잖이 걱정되었다. 하지만 고맙게도 한 번도 나타나지 않았다. 대신 어둠 속을 걷는 내 눈에 밤하늘에 떠 있는 수많은 별들이 들어왔다.

고개를 들어 올려다본 공중에는 까만 벨벳 위에 다이아몬드를 뿌려놓은 듯 크고 작은 별이 찬란하게 빛나고 있었다. 언제 나타날지 모르는 멧돼지의 경고도 잊은 채 한자리에 얼어붙은 듯 꼼짝하지

지옥에서 올려다본 별.

않고 별들을 올려다보았다. 별빛은 검은 찰흙처럼 단단하고 끈끈한 어둠을 뚫고 내게로 곧바로 떨어져 내렸다. 어둠은 공포가 아니라 나와 별을 포개주는 포근한 이불이었다. 역사가 요한 하위징아가 말했던 중세의 어둠과 빛의 강렬한 대비를 이렇게 생생하게 맛볼 수 있을까?

유랑자 단테는 이런 체험을 수도 없이 했으리라. 나는 피에솔레와 루니자나에서 밤하늘을 올려다보던 그의 느낌을 공유해보려 애를 썼다. 이리저리 떠돌아다니다 가끔 깜깜한 밤하늘의 별들을 올려다보며 그가 받았을 위안을 느껴보려 했다. 그때의 별들은 지금도 그대로 남아 있기에 그의 느낌은 어쩌면 어렵지 않게 내게 전해져 온 것 같다. '그' 어둠과 '그' 별빛은 내가 그의 언어를 마음에 들이도록 해주는 물질적 매개였다. 『신곡』을 여는 "어두운 숲"과 닫는 "별", 그리고 그 사이에 놓인 수많은 언어는 분명 이런 공동의 감각 체험으로 읽어야 한다.

사물의 언어

기독교의 신은 눈으로 볼 수 없는 편재遍在하는 존재인 반면, 이교도의 신은 볼 수 있는 대상으로 현실에 특수하게 존재한다(이를 편재偏在라 부를 수 있으리라). 초월과 비초월의 대립 구도를 견지하며 작가의 길을 모색한 단테는 기독교의 신뿐만 아니라 이교도의 신에게도 언어의 힘을 달라고 호소한다.

오, 선한 아폴론이여, 이 마지막 수고를 위해 나를

당신의 재능과 당신이 사랑하는

월계관을 받기에 합당한 그릇으로 만드소서.

─「천국」1곡 13~15행

　　여기서 "당신"이란 기독교의 초월적 신을 가리키지만, 그 초월의 영역을 담는 "그릇"은 인간의 비초월적 영역이다. 단테는 창작의 신이자 이교도의 신 아폴론을 불러내 초월의 신을 비초월의 언어에 담아내면서 '존재의 집'을 구성하는 인간의 언어를 궁극의 단계까지 구상한다. 이로써 월계관을 받기에 합당한 최고의 시적 언어가 탄생했다.

　　단테는 인간 언어의 가능성과 한계에 동시에 직면했다. 그는 스스로 주변의 사물과 맺는 무매개적인 관계에서 언어를 자아냈다. 대상과 그 대상을 실어 나르는 언어가 있을 뿐인 지극히 단순한 구조에서 그의 문학이 출발한다. 이런 생각 위에서 나는 단테의 문학이 비유의 기반 위에 서 있고, 그의 언어가 상징성의 영역에 들어앉아 있다는 전통 주류 비평에서 벗어난 가느다란 지류를 탐사하고자 했다.

　　단테는 『신곡』에서 내내 '말로 할 수 없음'의 불안과 강박에 휩싸인 모습을 보이지만, 사실 그 모습은 말로 할 수 없음의 한계에 직면하여 그것을 뛰어넘는 도약의 발판이었다. 따라서 그의 언어가 무한으로 뻗는 의미 생산 구조를 내재한다는 점과 별도로, 또는 그에 우선하여, 가장 감각적인 사물의 표피를 직시한다는 점을 그의 문학적 성취로 주목해야 한다.

단테는 아찔한 자유의 언어로 현실을 재현한다. 그가 경험한 사물은 경험에 앞서지 않으면서 언어에 담긴다. 어떤 초월적, 관념적 틀로부터도 자유롭게 제 모습을 드러낸다. 그의 언어는 사물과 새로운 관계를 맺는 마음의 흔적이다. 그 새로움은 초월적 신에 대한 인간의 자세를 변화시키고, 그의 문학을 기독교라는 특정 종교를 넘어서서 멀리 뻗어나가게 하는 힘이 된다. 신성성에 매몰된 기존 관념에서 벗어나서 사물을 있는 그대로 인지할 수 있고, 그렇게 새롭게 인지한 사물에 조응하는 언어를 통해 신성성을 새롭게 표현하며, 우리가 현실 사물과 맺는 관계에 새로운 믿음을 부여한다. 그의 언어는 직접적이고 무매개적으로 현실 사물에 도달한다. 단테의 언어는 사물과 새로운 관계를 맺는 마음의 흔적이다. 그의 언어는 객체가 아니라 주체로 다가온다. 우리에게 그의 언어는 저편에 놓여 바라보는 대상이 아니라, 우리 자신을 동반하여 한곳을 바라보며 나아가는 주체로 떠오른다.

단테는 세상을 더 이상 신성시하지 않으면서 신성시했다. 신성한 관념의 장막을 걷어내며 세상을 직접 보았고, 신성한 세계를 우리 앞에 가져다 놓았다. 그가 『신곡』에서 재현한 신의 세계는 인간 세계를 있는 그대로 본 결과물이다. 그것을 통해 우리가 죽음 이전에는 결코 볼 수 없는 신의 세계를 볼 수 있게 만들었다.

단테는 신의 세계에 대한 놀라운 상상가로서보다는 인간 세계에 대한 놀라운 관찰자로서 더욱 돋보인다. 관념과 은총을 넘어서, 또는 그들을 꿰뚫어, 저편에 놓인 사물에 직접 도달하는 일은 여전히 중세의 분위기가 강하게 남아 있던 당대에는 물론 충분히 세속화된 지금도 결코 쉽지 않은 일이다. 그는 사물 앞에서 비겁하지 않았고 사물을 회피하지도 않았다. 사물에 직면하여 언어를 주조함으로써 그의 언어는 사물을 가리킬 수 있었다. 사물에 직면하는 언어는 사물을 배신하지 않는다. 그것이 세상과 관계를 맺는 작가 단테의 출발점이었다.

나는 단테가 본 일차적 대상을 보고 싶었고, 그 대상을 옮겼을 그의 언어를 다시 들여다보고 싶었다. 이는 단테 언어의 저편에 가보는 일이었다. 그의 언어가 병풍이라면, 그 안쪽에 서서 병풍에 비추어지는 원래의 풍경을 그의 눈으로 보고 싶었다. 언어를 주조하기 전에 그가 섰을 자리에 서보고 싶었다. 그것이 그의 언어에 깃든 생명, 모습, 냄새, 그리고 세상을 향한 연민을 그대로 보고 느끼는 길이라 생각했다. 그럼으로써 나는 언어를 통해 대할 때와 또 다르게 단테를 만날 수 있었다.

나는 이 책이 단테가 걸었던 길을 함께 걷는 우리 모두의 유랑을 기록한 것으로 읽히기를 바란다. 삶은 원래부터 유랑이 아니던가. 단테는 자신이 창조한 내세 유랑에 겸손한 환대의 몸짓으로 우리를 초대한다. 유랑은 우리가 초대에 응할 때 비로소 시작된다. 인간은 어디로 가는가. 단테를 생각하면 늘 떠오르는 화두다. 그는 이 물음을 깊이 간직했던 것 같다. 그의 삶은 그 물음에 대한 답을 찾는 길로 채워졌고, 그렇게 길을 걷는 한에서 유지되었다. 이제 우리도 길로 나선다. 그의 비장하고 우울하면서도 따스한 연민의 목소리를 마음에 들이며.

날은 저물어가고, 어둑한 하늘은

땅 위의 생명들을 그 고달픔에서

놓아주고 있는데, 오직 나 혼자만이

나아갈 길, 연민과 치를 전쟁을

준비하고 있었으니,

그르침이 없는 정신은 이들을 말해주리라.

―「지옥」 2곡 1~6행

단테 문학의 키워드

01 청신체 시인의 '우월한 고립'

문학청년 단테가 카발칸티와 함께 선도한 청신체dolce stil novo('맑고 새로운 문체')라는 시풍은 형식과 내용 면에서 당대의 새로운 물결이었다. 부드럽고 달콤하며 친절한 마음을 의미하는 '맑음'은, 그것을 지닌 여성에 대한 인간의 그러한 태도를 가리킨다. 여성은 부드럽고 달콤한 사랑을 지닌 존재이고, 그런 존재를 친절로 마음에 들이는 인간은 그런 사랑을 지니게 된다. 사랑을 통해 구원으로 인도받는 것이다. 청신체파 시인들은 이 같은 주제를 세련된 이탈리아어로 담아냈다. 그들의 이탈리아어는 고도로 절제된 새로운 문학 언어였으며, 단테가 라틴어에 비교하며 '고귀한 속어'라 부르는 차원까지 오르며 현대 이탈리아어의 모체가 되었다. 그들은 스스로의 위치를 '우월한 고립'이라 표현하며 자신들의 정신과 언어에 남다른 자부심을 표출했다.

02 영원한 연인 베아트리체

단테는 살면서 언제나 사랑이 이끄는 대로 나아갔고, 그 중심에 베아트리체가 있었다. 베아트리체는 『새로운 삶』과 『신곡』에서 각각 세속적인 사랑과 신적인 사랑에 더 치우친 모습으로 나타나는 듯 보인다. 단테가 말하는 시적 영감의 근원과 구원의 주체로서의 베아트리체는 분명 똑같이 '천사-여자'였지만, 『새로운 삶』에서는 '여자'의 측면이 강하고 『신곡』에서는 '천사'의 측면이 더 강하게 나타난다. 하지만 분명히 단테의 삶에서 그 둘은 언제나 결합되어 있었다. 둘 사이를 왕복하는 추의 흔들림이 단테 마음의 풍경이었다. 그것을 단테는 성속의 만남이나 신과 인간의 합일, 현실태와 잠재태의 간격, 말로 할 수 없는 초월의 세계, 지성의 성찰과 감각적 체험의 긴장과 같은 여러 주제로 변주하여 드러낸다. 베아트리체는 천사-여성을 바라보는 사람의 마음에 깃드는 사랑이 불러주는 대로 받아적으면 그것이 그대로 시가 된다는 청신체의 시작詩作 방법의 중심에 서 있었다.

베아트리체의 죽음 1주기에 천사를 그리는 단테.

03 고귀한 속어

단테는 중앙의 라틴어 대신 지역의 이탈리아 속어가 우수하고 고결하며 선택된 언어라고 선언했다. 그 선언에는 언어의 소통 가능성을 극대화해야 한다는 실질적인 요청이 깔려 있었다. 단테는 무엇보다 실천적 지식인으로서 그 스스로 "더 많은 사람들"이라고 표현한 다중과의 소통을 중시했다. 그것은 지식인의 근본 임무였다. 이 생각은 단테의 모든 글과 삶에 반영되었다. 이런 측면에서 단테는 훗날 19세기에 일어난, 계몽주의와 결합한 낭만적 민족주의의 분위기에서 화려한 조명을 받았다. 하지만 지식인으로서 그의 모습은 한 시대의 요구에 국한할 필요가 없다. 그보다는 공동체 구성원들 사이의 소통과 연대라는 언어의 본질적 기능과

『신곡』 첫 페이지.

관련하여 들여다보아야 한다. 그에게 언어의 문제는 근본적으로 실천의 문제였고, 실천은 곧 사회적 소통과 연대를 뜻했다. 이러한 차원에서 라틴어를 비판적이면서도 창조적으로 수용하는 동시에 다른 속어들과의 경합을 이겨낸 언어가 단테의 '고귀한 속어'였다.

04 망명

망명은 '우월한 고립'의 실천이었다. 단 한 번의 선택으로 단테는 우월한 고립으로 삶을 채우기로 결정했다. 망명 초반에 그는 피렌체로 복귀하려는 노력을 기울였지만, 이윽고 더 보편의 차원을 생각하게 되었다. 그렇다고 피렌체를 잊거나 제외한 것은 아니었다. 피렌체를 품으면서도 넘어서는 방식으로 더 넓은 국면에서 인간의 길을 모색했다. 그 길은 인간의 존엄을 실현하는 모든 행위 자체를 가리켰다. 신은 그 길을 가리키는 하나의 지표였다. 따라서 인간은 신에게 향하는 길 위에서 행복을 얻으며, 그 길은 곧 인간 스스로 행하는 실천을 의미했다. 은둔과 유랑의 망명자로서 단테는 더 본질적인 측면에서 인간을 들여다보기 시작했고, 여러 방면의 글을 쓰면서 생각을 정리하고 마음을 표현했다. 세상의 구차한 온갖 경우들에 휘말리지 않고 일정한 거리를 확보한 객관적 관찰자가 된 것은 글을 통한 실천을 수행한 그에게 오히려 행운이었다.

단테의 망명지 중 하나인 베네치아.

05 구원과 실천

단테는 분쟁을 조정하는 외교관으로서, 조직을 관리하는 행정가로서, 법과 제도를 정비하는 조언가로서, 때로는 전장에 나가 싸우는 군인으로서 자신의 직무를 다하고자 했다. 청신체파 시절에 꿈꾸었던 이상이 밤하늘을 수놓은 휘황한 별빛과도 같은 사랑이었다면, 현실의 지식인으로서 그가 추구한 목표는 땅에서 일어나는 개별 사건과 인물에 깊이 관여하고 구체적인 해결을 도모하는 실천이었다. 하지만 분명 처절하고 부조리한 세상을 겪고 헤쳐나가면서 저 높이 떠 있는 사랑의 별을 잃은 적은 한 번도 없었다. 그는 사랑을 삶의 궁극 원리이자 목표로 삼고, 이를 문학, 언어, 종교, 정치, 철학, 자연과학 등 여러 분야의 글에 담아냈다. 글은 구원을 향한 단테의 실천이 더욱 넓고 길게 뻗어나가는 통로였다. 우리는 글을 통해 단테가 꿈꾸었던 사랑의 별을 바라볼 수 있으며, 그런 식의 만남은 그의 글이 살아 있는 한 계속 이어질 것이다.

피렌체를 배경으로 『신곡』을 들고 있는 단테.

THE LIFE OF DANTE ALIGHIERI

단테 생애의 결정적 장면

1265 피렌체에서 태어나다

아버지 알리기에로 델리 알리기에리와 어머니 가브리엘라 델리 아바티 사이에서 장남으로 태어났다. 그가 태어날 무렵은 중세에서 근대로 넘어가는 과도기로서, 변화는 어느 곳보다도 피렌체에 집중되어 있었다. 일찌감치 면직 산업이 발달하면서 경제적으로 번영했고, 신에서 인간으로 관심의 초점이 이동하면서 고대 그리스와 로마의 인문 전통도 다시 호출되고 있었다. 이런 분위기에서 좋은 교육을 받고 자란 단테는 초월자를 향한 중세적 소망과 근대적 인간의 개별성을 동시에 긍정하고 종합하는 면모를 띠게 되었다.

피렌체의 유서 깊은 중심 광장인 시뇨리아광장과 베키오궁.

1272   어머니가 사망하다.

1274 베아트리체와 처음으로 만나다

부유한 은행가이던 베아트리체의 아버지는 연회를 열어 단테의 아버지를 초대했고, 아홉 살의 단테도 아버지를 따라 참석했다. 여기서 베아트리체를 처음 본 단테는 영혼이 전율하는 것을 느꼈다. 둘은 같은 동네에 살았기에 아마도 자주 마주쳤을 테지만, 단테는 베아트리체가 죽고 난 뒤 쓴 『새로운 삶』에서 아홉 살과 열여덟 살에 딱 두 번 보았다고 함으로써 다분히 신비적인 색채를 불어넣었다. 단테에게 그녀는 문학적 영감의 원천으로서, 그의 문학에서 이상적인 아름다움을 구현한 상징적 존재로 그려진다.

단테와 베아트리체의 만남.

1283 베아트리체와 두 번째로 만나다. 피렌체에서 사랑을 주제로 한 시를 쓰는 청신체파의 리더가 된다. 아버지가 사망하다. 귀도 카발칸티와 만나다. 브루네토 라티니 밑에서 공부하면서 그를 통해 베르길리우스, 보에티우스, 키케로를 알게 된다.

1285 젬마 도나티와 결혼하다.

1287 대학이 있는 문화적 중심지인 볼로냐에서 수학하다. 베아트리체가 피렌체의 부유한 은행가 시모네 데 바르디와 결혼하다.

1289 캄팔디노 전투에 참여하다

단테는 공무에 본격적으로 뛰어들기 전에도 현실 문제에 적극적으로 관여했다. 피렌체의 궬피와 아레초의 기벨리니가 맞붙은 캄팔디노 전투에 궬피의 일원으로 참여한 것이 대표적인 예다. 단테는 「연옥」에서 이 전투를 자세히 묘사했다. 특히 전투에서 패한 기벨리니의 사령관인 본콘테 다 몬테펠트로의 도주와 죽음을 이야기하는 대목이 압권이다. 어쩌면 단테는 본콘테의 운명에 망명자인 그 자신의 운명을 겹쳐서 바라본 것인지도 모르겠다.

캄팔디노 전투.

1290   6월 9일, 베아트리체가 죽다.

1292 ~ 1295   베아트리체를 생각하며 『새로운 삶』을 집필하는 한편, 철학 연구를 시작하다.

1294   은둔의 수사 켈레스티누스 5세 교황의 사임으로 보니파키우스 8세가 교황이 되다.

1295   궬피가 백당과 흑당 두 진영으로 분열되다.

1295 ~ 1297   약제사 조합에 가입하다. 이후 피렌체의 여러 위원회에 위촉되면서 본격적으로 공직에 발을 들여놓다.

1300 공직에 진출하다

단테는 사랑을 주제로 한 시를 쓰며 맑고 새로운 문체를 추구한 청신체파를 이끄는 문학 청년이면서도, 피렌체의 공무에도 매력을 느껴 뛰어들어서 널리 인정받기 시작했다. 그리하여 피렌체 최고위원으로 선출되면서 공직 생활의 정점을 찍었다. 단테는 무엇보다도 보편적 가치를 가진 권력을 현실에서 구현하는 것에 관심을 두었다. 그리하여 당시 권력의 표상이었던 교황권에 이의를 제기하고 황제권과 조율하기 위해 애를 썼다. 이 과정에서 그는 교황 보니파키우스 8세와 계속해서 충돌할 수밖에 없었고, 결국 이것이 그가 망명길에 오르는 직접적 계기가 되었다.

1300 보니파키우스 8세가 성년을 선포하다.

1301 피렌체의 최고위원으로 선출되어 활동하다. 10월, 보니파키우스 8세와 협상하기 위하여 로마를 방문한다. 11월, 샤를 드 발루아가 피렌체에 입성하면서 궬피 흑당이 지배권을 되찾다.

1302 피렌체에서 추방당하다

궬피 흑당을 지지했던 보니파키우스 8세와의 갈등 끝에 단테는 궬피 흑당 주도의 궐석재판에서 부패 혐의로 공민권 박탈과 2년간의 추방을 선고받았다. 로마에 갔다가 피렌체로 돌아가는 도중에 선고 소식을 들은 단테는 귀향하지 않고 피렌체 외곽에 머물며 사태를 관망했다. 이로써 20년에 걸친 그의 망명 생활이 시작되었다. 그야말로 『신곡』 서두의 표현처럼 "우리 살아가는 길 반 고비"에서 걷잡을 수 없는 내리막길로 들어선 것이었다.

망명의 출발지, 산고덴초.

1303	7월 20일, 피렌체 추방자들과 피렌체를 공격하기로 모의했으나 실패하고 만다.
1305~1308	이후 동료들과 결별하고 "자신을 위한 당"을 만든다. 포를리에서 스카르페타 노르델라씨의 보호를 받으며 잠시 머무르기도 하고, 베로니코 옮겨 비르톨로메오 델라 스칼라의 보호를 받으며 머물기도 하는 등 이곳저곳을 돌아다니다. 보니파키우스 8세가 사망하다.

1305 「지옥」을 쓰기 시작하다

단테는 망명과 함께 『향연』과 『속어론』을 쓰기 시작했지만, 두 책 모두 미완성으로 남겨둔 채 「지옥」을 쓰기 시작했다. 그는 한동안 파도바에서 머물며 조토 디본도네와 함께 지냈는데, 바로 이때 조토의 그림으로부터 많은 영향을 받으며 「지옥」 집필에 착수하여 1314년에 완성했다. 단테의 글이 보여주는 풍부한 도상성과 조형성, 현세주의와 이교도적 경향은 조토의 그림에 힘입은 바가 크다. 「지옥」에서 단테는 베르길리우스의 안내에 따라 내세를 여행한다. 「천국」에서 그를 안내하는 베아트리체가 은총을 상징한다면, 베르길리우스는 지성을 상징한다. 지옥을 견뎌내는 힘은 곧 지성에서 나온다는 사실을 말하고 싶었던 것이리라.

보티첼리가 그린 지옥도.

1305	파도바에 잠시 머물며 조토 디본도네를 만나다. 루니자나에서 모렐로 말라스피나의 성에 체류하다.
1310	다시 카센티노 숲으로 들어가 2년 남짓 머물면서 여러 곳에 편지를 보내다. 이때 『제정론』을 쓰기 시작하다.
1308	「연옥」을 저술하다.
1312	베로나로 가서 칸그란데 델라 스칼라의 보호를 받으며 5~6년간 머무르다.
1314	「지옥」이 완성되어 필사본으로 유통되기 시작하다.
1315	6월, 피렌체 추방자들이 죄를 인정하는 한에서 사면한다는 피렌체 당국의 공고를 거부한다. 11월, 다시 사형 선고를 받다.
1316~1321	「천국」을 저술하다.
1318	「연옥」을 완성하다.
1318~1321	프란체스카 다 리미니의 조카인 귀도 노벨로 다 폴렌타의 호의를 받으며 라벤나에 체류하다.

1321 라벤나에 묻히다

단테는 귀도 노벨로의 사절단으로 베네치아에 파견되었다가 중간에 말라리아에 걸려 라벤나로 복귀했다. 그렇지만 끝내 극복하지 못하고 9월 13일 또는 14일에 라벤나에서 눈을 감았다. 그의 관은 산프란체스코수도원의 산타마리아예배소에 안치되었다. 이로써 별을 바라보며 나아간 그의 구원의 여정은 막을 내렸지만, 이 지상에서 인간의 길을 진지하게 모색하는 이들에게 '오래된 미래'처럼 영감의 원천이 되고 있다.

라벤나에 있는 단테의 무덤.

1325	단테의 아들 야코포가 『신곡』 전체 원고를 피렌체로 가져와 보급하다.
1336	이때 나온 『신곡』 필사본이 현존하는 가장 오래된 판본이다.

참고 문헌

Dante, Alighieri, *Convivio*, 『향연』, 김운찬 옮김, 나남, 2010.

Dante, Alighieri, *De Monarchia*, 『제정론』, 성염 옮김, 철학과현실사, 1997.

Dante, Alighieri, *De Vulgari Eloquentia: Introduzione*, traduzione e note di Vittorio Coletti, Milano: Garzanti, 1991.

Dante, Alighieri, *Divina Commedia*, 『신곡』, 박상진 옮김, 민음사, 2007.

Dante, Alighieri, *Il Fiore: e Il Detto d'Amore*, Firenze: R. Bemporad&figlio, 1922.

Dante, Alighieri, *La Divina Commedia: a cura di Natalino Sapegno*, Firenze: La Nuova Italia, 1955.

Dante, Alighieri, *La Divina Commedia: a cura di Umberto Bosco e Giovanni Reggio*, Firenze: Le Monnier, 1982.

Dante, Alighieri, *La Divina Dommedia: a cura di Anna Maria Chiavacci Leonardi*, Milano: Mondadori, 2007.

Dante, Alighieri, *Quaestio de Aqua et Terra*, Firenze: L. S. Olschki, 1905.

Dante, Alighieri, *Rime: a cura di Domenico De Robertis*, Firenze: Le lettere, 2002.

Dante, Alighieri, *The Divine Comedy of Dante Alighieri*, trans. by Martinez, Ronald L.&Durling, Robert M., Oxford: OUP, 2003.

Dante, Alighieri, *The Divine Comedy*, trans. by Hollander, Robert&Hollander, Jean, New York: Doubleday, 2000.

Dante, Alighieri, *Vita Nuova*, Milano: Feltrinelli, 1993.

Antonetti, Pierre, *La vita quotidiana a Firenze ai tempi di Dante*, Milano: BUR, 1979.

Aristoteles, *Ethika Nikomacheia*, 『니코마코스 윤리학』, 천병희 옮김, 숲, 2013.

Aristoteles, *Metaphysica*, 『형이상학』, 김진성 옮김, 이제이북스, 2010.

Auerbach, Erich, *Dante als Dichter der irdischen Welt*, 『단테』, 이종인 옮김, 연암서가, 2014.

Bemrose, Stephen, *A New Life of Dante*, Exeter: University of Exeter Press, 2000.

Boccaccio, Giovanni, *Vita di Dante*, Bergamo: Moretti&Vitali Editori, 1991.

Burckhardt, Jacob, *The Civilization of the Renaissance in Italy*, 『이탈리아 르네상스 문화』, 이기숙 옮김, 한길사, 2003.

Enciclopedia Dantesca, Roma: Istituto della Enciclopedia Italiana, 1970~1976.

Golino, Enzo, ed., *Dante e l'umanesimo: Duecento trecento quattrocento*, Milano: Bompiani, 1989.

Huizinga, Johan, *Herbst des Mittelalters*, 『중세의 가을』, 최흥숙 옮김, 문학과지성사, 1997.

Lansing, Richard, ed., *The Dante Encyclopedia*, New York: Garland Publishing Co., 2000.

Lewis, R. W. B., Dante, 『단테』, 윤희기 옮김, 푸른숲, 2005.

Park, Sangjin. "Post-Babel Language: A Condition of Cosmopolitan Vernacular Language," *NeoHelicon* 43, no. 1(2016), pp. 303~334.

Petrocchi, Giorgio, *Vita di Dante*, Napoli: Laterza, 1983.

Shaw, Robert, *Reading Dante*, New York: Liveright Publishing Corporation, 2014.

Took, John, *Dante*, Princeton: Princeton University Press, 2020.

Wilson, A. N., *Dante in Love*, 『사랑에 빠진 단테』, 정해영 옮김, 이순, 2011.

박상진, 『단테 신곡 연구: 고전의 보편성과 타자의 감수성』, 아카넷, 2011.

박상진, 『단테가 읽어주는 '신곡'』, 한길사, 2019.

박상진, 『사랑의 지성: 단테의 세계, 언어, 얼굴』, 민음사, 2016.

사진 크레디트

1 ⓒ Didier Descouens_Wikimedia Commons

2~3 ⓒ blickwinkel/McPHOTO/GAN_게티이미지코리아

14 ⓒ PjrTravel_게티이미지코리아 | 17 ⓒ Eddy Galeotti_게티이미지코리아

22~23, 52~53, 59, 70, 91, 99, 102, 122, 142, 172, 180, 183, 190~191, 203, 206, 209, 220, 223, 229, 243, 246, 253 ⓒ 박상진

28~29 ⓒ Gary Ashley_Wikimedia Commons | 40 ⓒ Museo Casa di Dante

44 ⓒ Guido Cozzi/Atlantide Phototravel_게티이미지코리아

48 ⓒ Marie-Lan Nguye_Wikimedia Commons | 55 ⓒ Xosema_Wikimedia Commons

66~67 ⓒ Bailey-Cooper Photography_게티이미지코리아

129 ⓒ Catharina Lux_게티이미지코리아 | 132 ⓒ sailko_Wikimedia Commons

146~147 ⓒ DEA/V. GIANNELLA_게티이미지코리아

151 ⓒ DEA/G. COZZI_게티이미지코리아 | 156 ⓒ Frank Bienewald_게티이미지코리아

162 ⓒ Andrea Pistolesi_게티이미지코리아

176~177 ⓒ Martin Thomas Photography_게티이미지코리아

199 ⓒ Christophe Boisvieux_게티이미지코리아

213 ⓒ Feifei Cui-Paoluzzo_게티이미지코리아 | 217 ⓒ Mcarm_Wikimedia Commons

225 ⓒ Ainara Garcia_게티이미지코리아

클래식 클라우드 019

단테

1판 1쇄 인쇄 2020년 4월 28일
1판 1쇄 발행 2020년 5월 10일

지은이 박상진
펴낸이 김영곤
펴낸곳 (주)북이십일 아르테

아르테클래식본부 본부장 장미희
클래식클라우드팀 팀장 권은경
책임편집 임정우 클래식클라우드팀 김슬기 박병익
마케팅 오수미 박수진
영업본부 이사 안형태
영업본부장 한충희 영업 김한성 이광호
제작 이영민 권경민
디자인 박대성 일러스트 최광렬

출판등록 2000년 5월 6일 제406-2003-061호
주소 (10881) 경기도 파주시 회동길 201(문발동)
대표전화 031-955-2100 팩스 031-955-2151

ISBN 978-89-509-8804-3 04000
ISBN 978-89-509-7413-8 (세트)
아르테는 (주)북이십일의 문학 브랜드입니다.

(주)북이십일 경계를 허무는 콘텐츠 리더

네이버오디오클립/팟캐스트 [김태훈의 책보다 여행], 유튜브 [클래식클라우드]를 검색하세요.
네이버포스트 post.naver.com/classic_cloud
페이스북 www.facebook.com/21classiccloud
인스타그램 www.instagram.com/classic_cloud21